Abgemacht!
PAIR-WORK ACTIVITIES IN GERMAN
SUE SCULLARD

Book A

Nelson

Acknowledgements

Thanks are due to the following:

My husband, Laurie Scullard.
Marilyn Farr, Oxford College of Further Education.
Liesel Rosindale, Warley College of Technology.

For help with the collecting of authentic materials:

Marilyn Farr, Pam Grice, Hainer Fuchs, Markus Enghofer, Veronica Stencel, Malcolm and Elizabeth Wright, Graham Gunnell, Sally Hatch.

For help with the testing of the tasks:

Students past and present, particularly Graham Gunnell, Lester King, Gill Thomas, Marie Davis, Brigit Silverstone.

Special thanks are due to my husband and many friends without whose help and support it would have been impossible to write a book with three small children in the house. Particularly: Jenny Bennett, Sally Hatch, Elizabeth Wright, Claudette Martin, Suzanne MacClelland, Tenna Foale, Vee Harris.

Illustrations:

David Lock
Jake Tebbit

Acknowledgements for authentic materials:

Arbeitsgemeinschaft Romantische Straße
BRAVO — Heinrich Bauer Fachzeitschriften-Verlag KG
Deutsche Bundesbahn
Deutsches Jugendherbergswerk
Frankfurter Nachrichten-Reisen
German National Tourist Office
Gong Verlag GmbH
Movie Filmtheaterbetriebe oHG
Neue Woche
SSV Meschede
Südwestfälische Freilichtbühne e.V.
Tip Magazin — Verlag Klaus Stemmler
Verkehrsamt Berlin
Verkehrsamt Schwangau

Note: Every effort has been made to trace the copyright holders of the extracts reprinted in this book. We apologise for any inadvertent omission, which can be rectified in a subsequent reprint.

Thomas Nelson and Sons Ltd
Nelson House Mayfield Road
Walton-on-Thames Surrey
KT12 5PL UK

58 Albany Street
Edinburgh
EH1 3QR UK

Thomas Nelson (Hong Kong) Ltd
Toppan Building 10/F
22A Westlands Road
Quarry Bay Hong Kong

Thomas Nelson Australia
102 Dodds Street
South Melbourne Victoria 3205
Australia

Nelson Canada
1120 Birchmount Road
Scarborough Ontario
M1K 5G4 Canada

© Sue Scullard 1986

First published by E.J. Arnold and Son Ltd 1986
ISBN 0-560-01987-4

This edition published by Thomas Nelson and Sons Ltd 1992
ISBN 0-17-439464-0
NPN 9 8 7 6 5 4

All rights reserved. No paragraph of this publication may be reproduced, copied or transmitted save with written permission or in accordance with the provisions of the Copyright, Design and Patents Act 1988, or under the terms of any licence permitting limited copying issued by the Copyright Licensing Agency, 90 Tottenham Court Road, London W1P 9HE.

Any person who does any unauthorised act in relation to this publication may be liable to criminal prosecution and civil claims for damages.

Printed in China.

Inhalt

Teacher's introduction	4, 5
Student's introduction	6
Useful expressions	7
Themen	8-67
Dialoge	68-80

Themen

1. Personen identifizieren

Was sagt man?			8
1. Internationale Begegnungen		*	9
2. Der SSV Meschede		*	9
3. Steckbriefe		*	10

2. Wege beschreiben

Was sagt man?			11
1. Wo ist die Post, bitte?		*	12
2. Stadtplanung		*	12
3. Grünstadt		***	13

3. Einkaufen

Was sagt man?			14
1. Preisvergleich		*	15
2. Bitte schön?		*	16
3. Eine große oder eine kleine Packung?		**	16

4. Unterkunft

Was sagt man?			17
1a. Was kostet ein Hotelzimmer?		*	18
1b. Ausstattung		*	18
2. Haben Sie ein Zimmer frei?		**	19
3. Zimmer reservieren		***	19

5. Beschreibungen

Was sagt man?			20
1. Frauen beschreiben		**	21
2. Wer ist denn das?		**	21
3a. Auf der Party		**	22
3b. Nach der Party		**	22
4. Wem gehört das?		***	23
5. Suchbild		***	23

6. Reisen

Was sagt man?			24
1. Der Sonderzug nach Willingen		*	25
2. Was kostet eine Fahrkarte?		*	25
3. Wann fährt der nächste Zug nach Karlsruhe?		***	26
4. Wohin fahren wir?		***	27

7. Camping und Jugendherberge

Was sagt man?			28
1. Campingplätze		*	29
2. Übernachtungen in der DJH reservieren		**	30
3. Eine Jugendherberge aussuchen		***	31

8. Krankheit

Was sagt man?			32
1. Was ist los?		*	33
2. In der Apotheke		***	33

9. Freizeit und Interessen

Was sagt man?			34
1a. Was machen sie gern?		*	35
1b. Partner		**	35
2. Treffpunkt		**	36
3. Fernsehen		***	37

10. Essen und Trinken

Was sagt man?			38
1. Essen: mal 'was anderes		*	39
2. Im Restaurant		**	40
3. Restaurants: was? wann? wo?		**	41
4. Wo essen wir?		***	41

11. Unterhaltung

Was sagt man?			42
1. Karten reservieren		**	43
2. Ausverkauft!		***	43
3. Was läuft im Kino?		**	44
4. Welchen Film wollen wir sehen?		***	45

12. Verabredungen

Was sagt man?			46
1. Wahre Liebe?		**	47
2. Wann wollen wir uns treffen?		***	47
3. Wohin heute abend?		**	48
4. Einen Tag in Berlin		***	49

13. Wohnen

Was sagt man?			50
1. Wohnungsaustausch		*	51
2. Die Küche		**	52
3. Das Schlafzimmer		***	53
4. Ferienwohnungen in Oberstdorf		***	54

14. Urlaub (1) (Möglichkeiten und Pläne)

Was sagt man?			55
1. Was gibt's in Travemünde zu tun?		*	56
2. Der ideale Urlaub?		**	57
3. Wer sagt die Wahrheit?		***	58
4. Die Insel Aleria		***	59

15. Urlaub (2) (Vergangenes erzählen)

Was sagt man?			60
1. Mein Urlaub		**	61
2. Die Romantische Straße		***	62
3. Die spinnen, die Deutschen!		***	63

16. Eintopf

Was sagt man?			64
1. Die Familie Dingsbums		**	65
2. Meinungsumfrage: Schule		**	66
3. Meinungsumfrage: Teenager und die Familie		***	66
4. Zwei Lebensläufe (Gabrielle Kraftwerk und Hieronymus von Plink)		***	67

Abgemacht!

To the teacher

The main aim of 'Abgemacht!' is to promote communicative competence in German within the contexts required for public examinations. The topics and functions have been selected to meet the requirements of the GCSE, RSA and Institute of Linguists exams and the graded assessment schemes, as these syllabuses are all based on a prediction of the general linguistic **needs** of a visitor to Germany. Many of the tasks are appropriate to the non-specialized aspects of BTEC, FLIC and FLAW. **'Abgemacht!'** is not a course book, but provides meaningful practice in meaningful contexts.

Contents

16 topic units, each preceded by a page of Key Language *(Was sagt man?)*.

A number of interrelated tasks for each unit. The instructions are in English, as in many instances the level of competence required to understand the instructions would be greater than that required for the tasks.

Sample dialogues **(cassette tape available)**, which are contained at the back of the book, providing similar situations to help with the teaching or revision of the language needed for the tasks.

Level

Good beginners to GCSE, Standard Grade etc. and beyond.

The tasks have been graded basic (*), middle (**) and extended (***), as an indication of the level of difficulty contained in both the prompt and the information exchange. The tasks range from a straightforward exchange of information using simple utterances to longer and more complicated utterances and open-ended situations.

Skills (Modes)

Although the pair-work tasks involve the exchanging of information through the medium of the spoken language, other skills are practised.

Speaking: Tasks with pictorial cues rely most heavily on speaking only.

Listening: All tasks rely equally heavily on **active** listening and understanding.

Reading: Most tasks depend in part on reading, especially for gist comprehension of authentic materials.

Writing: This is least important to the successful completion of the tasks. However, notes (preferably in German) could form the basis of a written report.

Suggestions for organising the pair-work tasks

1. Before beginning a task, the students should be familiar with the necessary key language, as the tasks are aimed at communicative **practice.** It is preferable to take a lenient attitude to student error during the tasks, as confidence is a vital factor in the acquisition of fluency.

2. Divide the class into pairs (or groups). It is helpful if students do not always work with the same partner.

3. In each pair, one student is allotted role A, the other role B. Most tasks work equally well in groups of four, with two students taking role A and two role B. Tourist transactions work well if one student takes the role of the 'German' and two or three students take the role of tourist.

4. Allow plenty of time for students to read the instructions, checking that everyone understands what to do.

5. Ask the students for examples of what they expect to say, checking that the appropriate register has been selected.

6. Many tasks have several sets of cues, so variations of the same task can be completed 4-8 times. These provide the opportunity for:—

    a) the teacher to demonstrate the task (teacher + student or two abler students)
    b) the students in each pair to exchange books in order to try both roles
    c) further practice on another occasion
    d) one cue to be reserved for assessment purposes.

7. The headings for making notes serve as a prompt and/or 'reason' for the conversation, but in most tasks note-taking is not essential. If notes are made, they should be as brief as possible. The notes can be expanded for a report-back session in the form of:—

    a) re-telling the information to the partner
    b) re-telling the information to the class as a whole (more appropriate for open-ended tasks)
    c) a written report.

8. It should be made clear to the learners that middle and extended tasks may not have one 'right answer'. The learners have to make decisions and choices.

9. Authentic materials can be used as a reading or writing exercise only, if liked. The information could then be exchanged or discussed by the whole class.

10. Opinion-gap: some extended tasks ask students to take on an assumed opinion. The students could use their real tastes etc. instead, or as well.

11. Pair-work tasks provide excellent material for the Foreign Language assistant to use with smaller groups.

12. Pairs of sixth formers and older students may work through the tasks unsupervised, preferably with a tape-recorder.

Abgemacht!

To the student

'Abgemacht!' is designed for you to work with a partner or in a group. Book A contains a different set of information from Book B. You need to exchange some information with your partner by asking and answering questions in German. Why? To help you cope with real conversations in a wide range of situations.

Before you start:

- Make sure you are familiar with the key language for the task you are doing.
- Listen to or read the appropriate sample dialogue(s) at the back of the book.
- Look carefully at the instructions for the task and copy out any grids or headings you might need for notes.

Doing the tasks:

- Don't show your information to your partner.
- Find out or discuss all the necessary information by speaking German with your partner.

Remember:

- Be as helpful to each other as possible.
- There is no need to take it in turns to speak.
- You do not always need to use full sentences.
- You can add extra phrases like the ones given in 'Useful expressions' (page 7).
- Don't worry too much about making mistakes. Concentrate first of all on understanding your partner and making yourself understood.
- Above all, enjoy yourselves.

Viel Spaß!

Sue Scullard

Useful expressions

Opening remarks/attracting attention:

Sag mal, (du)...
Tell me...
Hör mal, (du)...
Listen...
Paß mal auf/Passen Sie mal auf...
Listen carefully...
Entschuldigen Sie, bitte...
Excuse me, please...
Kannst du/können Sie/könnten Sie mir helfen?
Can/could you help me?
Kann ich dir/Ihnen helfen?
Can I help you?
Kannst du/können Sie/könnten Sie mir vielleicht sagen...?
Can/could you tell me...?

Saying you don't understand:

Wie bitte?
Pardon?
Das verstehe ich nicht (ganz).
I don't (quite) understand.
Ich verstehe nicht, was du meinst/Sie meinen.
I don't know what you mean.

Saying you don't know:

Es tut mir leid, das weiß ich nicht.
I'm sorry. I don't know.
Es steht nicht hier.
It doesn't say. (i.e. The information is not written here.)
(Ich habe) keine Ahnung!
(I've) no idea!
Woher soll ich das wissen?
How should I know? (!)

Asking for/giving the spelling:

Wie schreibt man das?
Kannst du/können Sie das bitte buchstabieren?
Can you spell that please?

Saying thank you/acknowledging thanks:

danke/danke schön/danke sehr/danke vielmals/herzlichen Dank/vielen Dank.
bitte/bitte schön/bitte sehr/nichts zu danken/gern geschehen.

Playing for time:

Laß mal sehen...
Let's see...
Moment mal...
Wait a minute...
Einen Augenblick/einen Moment, bitte...
One moment, please...

Asking for repetition:

Noch (ein)mal, bitte!
Kannst du/können Sie das bitte wiederholen?
Can you repeat that please?
Kannst du/können Sie bitte langsamer sprechen?
Can you speak more slowly please?

Expressing uncertainty:

Ich bin nicht ganz sicher, aber...
I'm not quite sure, but...
Ich glaube, (daß)...
I think (that)...
Es steht hier...
It says here...

When you are stuck/ your partner is making you do all the work:

Du bist dran./Sie sind dran.
It's your turn.
Sag 'was (du Faulpelz)!
Say something (lazybones)!

Asking how to say something:

Wie sagt man... auf deutsch?
How do you say... in German?
Ich habe das Wort für... vergessen.
I've forgotten the word for...
Ich habe vergessen, wie man... sagt.
I've forgotten how to say...

Pronouncing the letters of the alphabet:

A	B	C	D	E	F	G	H	I	J	K	L	M	N	O	P	Q	R	S	T	U	V	W	X	Y	Z
ah	bay	tsay	day	ay	ef	gay	haa	ee	yot	ka	el	em	en	oh	pay	koo	er	es	tay	oo	fow	vay	ix	oop-silon	tset

A1 Personen identifizieren
Was sagt man?

Asking questions:

Wie heißt er/sie/du/der Sänger von „Kopfweh"?		
Woher kommt er/sie/kommst du/kommen Sie?		
Wo wohnt er/sie/wohnst du/wohnen Sie?		
Wann	ist er/sie	geboren?
Wo	bist du	
	sind sie	
Wie groß ist er/sie/bist du?		
Welche Farbe	hat	sein/ihr/dein	Haar?
	haben	seine/ihre/deine	Augen?
Was ist sein/ihr/dein Tierkreiszeichen?		
Was sind deine/seine/ihre Hobbys/Interessen?		
Was war der erste Hit von X?		

Asking questions (officialese):

Wie heißen Sie/heißt er/sie mit Nachnamen/Vornamen?
Wie ist Ihr/sein/ihr Name, bitte?
(Was ist) Ihre Staatsangehörigkeit/Ihre Adresse/Ihre Telefonnummer/
          Ihr Geburtsdatum/Ihr Familienstand, bitte?
Was sind Sie von Beruf?

Identifying self and others:

Ich heiße..., er/sie heißt..., mein Name ist...
Ich komme (usw.) aus Großbritannien.
Ich bin Deutsche(r).
Ich wohne (zur Zeit) in Frankfurt.
Ich bin am 5. August/in Mainz geboren.
Ich bin verheiratet/ledig/geschieden/verwitwet.
Ich bin Lehrer(in)/Schüler(in)/Student(in).
Ich habe keine Geschwister usw.
Ich interessiere mich für Musik.
Er/sie ist x Meter groß.
Er hat blondes Haar/blaue Augen.

Personen identifizieren

A1
Übung 1/2

Übung 1: Internationale Begegnungen *
Introductions
(In pairs: 4 separate situations.
In groups of 8: 1 situation.)
You are staying in Germany and have decided to attend an International Youth Meeting in Bonn. As an ice-breaker the organiser asks everyone to interview someone else.
Below are four cue cards. Select one and pretend to be that person. Tell your partner all about yourself, then find out all about your partner. Note down the details under the headings on the cards below.
When you have finished, introduce your partner to the rest of the class/group.
You could begin: *Wie heißt du?*

1. | | |
    |---|---|
    | **Name:** | Ann/Tom Harris |
    | **Aus:** | Großbritannien |
    | **Adresse in der BRD:** | Bergstr. 27, Koblenz |
    | **Alter:** | 16 |
    | **Geburtsdatum:** | 8. Januar |
    | **Geschwister:** | 2 Brüder |
    | **Hobbys:** | Computer, Fußball, Tanzen, Musik |

2. | | |
    |---|---|
    | **Name:** | Gabi/Klaus Wolter |
    | **Aus:** | der Bundesrepublik |
    | **Adresse in der BRD:** | Hauptstr. 6, Bonn |
    | **Alter:** | 17 |
    | **Geburtsdatum:** | 12. März |
    | **Geschwister:** | 1 Bruder, 2 Schwestern |
    | **Hobbys:** | Schwimmen, Reiten, Briefmarken |

3. | | |
    |---|---|
    | **Name:** | Salinder/Ali Zahir |
    | **Aus:** | Indien |
    | **Adresse in der BRD:** | Poststr. 27, Frankfurt |
    | **Alter:** | 19 |
    | **Geburtsdatum:** | 20. Juli |
    | **Geschwister:** | 2 Brüder, 2 Schwestern |
    | **Hobbys:** | Lesen, Schach, Malen |

4. | | |
    |---|---|
    | **Name:** | Taeko/Hiroshi Sato |
    | **Aus:** | Japan |
    | **Adresse in der BRD:** | Schloßstr. 18, Mainz |
    | **Alter:** | 18 |
    | **Geburtsdatum:** | 31. August |
    | **Geschwister:** | 1 Schwester |
    | **Hobbys:** | Zeichnen, Fotografieren, Kino, Theater |

Übung 2: Der SSV Meschede *
Joining a club
(4 separate situations)
You are living in Meschede in the FRG and you want to join the SSV Meschede *(Spiel- und Sportverein)*. Your partner is the secretary of the club and has a form to fill in with details of your name, date of birth etc.
a) Pretend to be one of the people below and answer your partner's questions.
You could begin: *Ich möchte die Mitgliedschaft beim SSV beantragen.*
b) Be yourself!

SSV MESCHEDE

1. | | |
    |---|---|
    | **Name:** | Anita/Joachim Pauer |
    | **Geburtsdatum:** | 8.9.73 |
    | **Staatsangehörigkeit:** | Deutsche(r) |
    | **Familienstand:** | ledig |
    | **Beruf:** | Student(in) |
    | **Adresse:** | Hauptstr. 18, 5778 Meschede |
    | **Telefon:** | (0291) 2121 |

2. | | |
    |---|---|
    | **Name:** | Suzanne/Luc Goddard |
    | **Geburtsdatum:** | 4.7.52 |
    | **Staatsangehörigkeit:** | Belgier(in) |
    | **Familienstand:** | geschieden |
    | **Beruf:** | Lehrer(in) |
    | **Adresse:** | Bornstr. 2, 5778 Meschede |
    | **Telefon:** | (0291) 7563 |

3. | | |
    |---|---|
    | **Name:** | Veronica/Tom Harris |
    | **Geburtsdatum:** | 13.2.59 |
    | **Staatsangehörigkeit:** | Holländer(in) |
    | **Familienstand:** | verheiratet |
    | **Beruf:** | Arzt/Ärztin |
    | **Adresse:** | Am Hang 2, 5780 Bestwig |
    | **Telefon:** | (02904) 2798 |

4. | | |
    |---|---|
    | **Name:** | Carol/Peter Miller |
    | **Geburtsdatum:** | 1.10.71 |
    | **Staatsangehörigkeit:** | Engländer(in) |
    | **Familienstand:** | ledig |
    | **Beruf:** | Student(in) |
    | **Adresse:** | Bäckerstr. 9, 5760 Arnsberg |
    | **Telefon:** | (02937) 1527 |

A1
Übung 3

Personen identifizieren

Übung 3: Steckbriefe *
Finding out about people

a) Below are the *Steckbriefe* of two English pop-stars and two German groups. Some of the information is missing.

Find out any information you don't know by asking your partner. Note down the information. You could begin: *Wie heißt Nummer 1?*

1. Miko

STECKBRIEF:

Bürgerlicher Name: _____

Geburtstag: _____
Geburtsort: _____
Tierkreiszeichen: _____
Größe: _____
Haarfarbe: _____
Augenfarbe: _____
Erster Hit: _____

2. Harry Keery

STECKBRIEF:

Bürgerlicher Name: Robin Bird

Geburtstag: 15.1.66
Geburtsort: Sandy/Bedfordshire
Größe: 1.78 m
Haarfarbe: Schwarz
Augenfarbe: Dunkelbraun
Erster Hit: „In a dream"

3. Kopfweh

STECKBRIEFE:

Sänger: _____
Geburtstag: _____
Geburtsort: _____
Größe: _____
Haarfarbe: _____
Augenfarbe: _____

Bassist: Ralf Kersten
Geburtstag: 8.11.57
Geburtsort: Stuttgart
Größe: 1.82 m

Haarfarbe: Schwarz
Augenfarbe: Braun

Schlagzeuger: _____
Geburtstag: _____
Geburtsort: _____
Größe: _____
Haarfarbe: _____
Augenfarbe: _____

Gitarrist: Wolfgang Ohm
Geburtstag: 6.5.60
Geburtsort: Münster
Größe: 1.78 m
Haarfarbe: Braun
Augenfarbe: Braun

Keyboarder: _____
Geburtstag: _____
Geburtsort: _____
Größe: 1.86 m
Haarfarbe: Blond
Augenfarbe: Braun

Erster Hit: _____

4. Steinhart

STECKBRIEFE:

Sängerin: _____
Geburtstag: _____
Geburtsort: _____
Tierkreiszeichen: _____
Größe: _____
Haarfarbe: _____
Augenfarbe: _____

Schlagzeuger: Diethelm Borchert
Geburtstag: 13.6.57
Geburtsort: Gütersloh
Tierkreiszeichen: Zwilling
Größe: 1.80 m
Haarfarbe: Blond
Augenfarbe: Blau

Keyboarder: _____
Geburtstag: _____
Geburtsort: _____
Tierkreiszeichen: _____
Größe: _____
Haarfarbe: _____
Augenfarbe: _____

Gitarrist: _____
Geburtstag: _____
Geburtsort: _____
Tierkreiszeichen: _____
Größe: 1.64 m
Haarfarbe: Dunkelbraun
Augenfarbe: Braun

Bassist: _____
Geburtstag: 12.8.58
Geburtsort: Berlin
Tierkreiszeichen: Löwe
Größe: _____
Haarfarbe: _____
Augenfarbe: _____

Erster Hit: „Einmal im Osten"

b) Mein Steckbrief

Write your own *Steckbrief*. Tell your partner about yourself. Find out about your partner. (Choose someone you don't know well.)

Follow-up work

a) In groups of four pretend you are a pop-group (real or imagined) and work together to produce your *Steckbriefe* with details of the group's 'career'.

b) Each 'group' takes a turn at being interviewed by another group or the rest of the class, who are 'journalists'.

c) The 'journalists' produce a written report of the most interesting group(s).

Wege beschreiben
Was sagt man?

A2

Asking the way: (Übung 1/2)

Entschuldigen Sie, bitte...

Wo ist	der Bahnhof? das Schloß? die Post?

Wo ist hier	ein Campingplatz? ein Restaurant? eine Bank?

Wie komme ich am besten	zum Bahnhof? zum Schloß? zur Post?

Giving simple directions: (Übung 1/2)

Sie gehen Du gehst	geradeaus hier rechts hier links	dann (wieder)	links rechts	und der Bahnhof das Schloß	ist	auf der linken Seite. auf der rechten Seite.

Asking where/if you can park etc: (Übung 3)

Wo kann man hier Kann man hier	parken? schwimmen?

Gibt es	hier in der Nähe	einen Parkplatz? ein Schwimmbad?

Giving more complex directions: (Übung 3)

Sie nehmen Du nimmst	die	erste zweite dritte vierte	Straße	links. rechts.

Sie gehen Du gehst	die	Hauptstraße	hoch. entlang.

Past/over/as far as/opposite/next to/at: (Übung 3)

Sie gehen Du gehst	an	dem Bahnhof der Post	vorbei.
	über	die Kreuzung.	
	bis	zum Park. zur Kreuzung.	

Der Parkplatz Das Museum Die DJH	ist	gegenüber neben an	dem Dom. der Post. der Ecke.

11

A2 Übung 1/2 — Wege beschreiben

Übung 1: Wo ist die Post, bitte? *
Simple directions

Below is a list of twenty places you might need to ask for when in Germany. You have directions to ten places, your partner has the directions to the other ten. Complete your list of directions by asking your partner. Note down the information you obtain. (← ↑ →)

You could begin: *Wo ist die Post, bitte?*

1. Die Post: ?
2. Die Bank: ←
3. Die Disko: ?
4. Das Café: ↑
5. Der Park: →
6. Der Dom: ?
7. Das Kino: ?
8. Das Schloß: ↑ ← →
9. Der Zoo: ↑ → →
10. Der Bahnhof: ?
11. Der Marktplatz: → →
12. Der Sportplatz: ?
13. Der Campingplatz: ↑ ←
14. Die Jugendherberge: ?
15. Das Fundbüro: ?
16. Die Tourist-Information: ↑ ← ← →
17. Das Schwimmbad: ?
18. Die Schule: ← ← →
19. Der Jugendklub: ?
20. Das Rathaus: → → ↑ ←

Übung 2: Stadtplanung *
Simple directions

Below is a map of the town Irgendwo.

a) Ask your partner for directions to the first list of buildings below and make a note of the appropriate number (1-8).

| der Bahnhof | der Dom | die Disko | der Jugendklub |
| die Bank | die Schule | das Freizeitzentrum | das Krankenhaus |

b) Decide what the buildings 9-16 are. Choose from the second list below. Give your partner directions to these buildings without referring to the numbers.

| das Rathaus | das Café | der Park | das Kino |
| der Sportplatz | die Tourist-Information | die Post | die Jugendherberge |

You could begin: *Sag mal, du, wo ist der Bahnhof?*

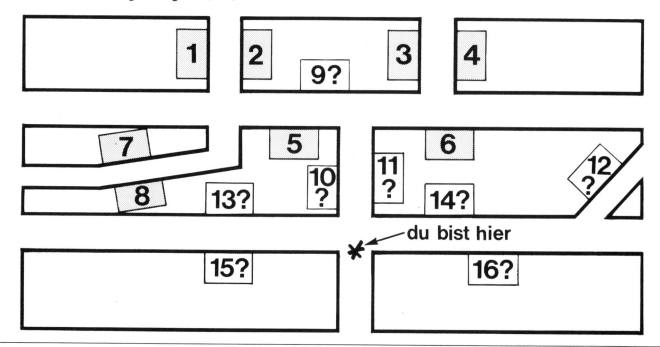

Wege beschreiben

A2 Übung 3

Übung 3: Grünstadt ***
More complex directions
(2 separate situations)

You have just arrived in Grünstadt. You have a map of the town, but only some places are drawn in. Your partner has a more detailed map. Below is a list of activities you propose to undertake. Find out from your partner if/where it is possible to do these activities in Grünstadt. Note down the information you have obtained under the headings:

| **was:** *(parken);* | **wo:** *(Parkhaus/Parkplatz);* | **Nummer:** *(8 & 10)* |

You could begin: *Entschuldigen Sie, bitte. Wo kann man hier parken?*

a) Du möchtest : parken.
   einen Stadtplan bekommen.
   schwimmen gehen.
   billig einkaufen.
   billig übernachten.
   billig essen.
   Briefmarken kaufen.
   tanzen gehen.
   einen Schoppen Wein trinken.

b) Du möchtest : Geld wechseln/
   einen Reisescheck einlösen.
   einen Kinderspielplatz finden.
   telefonieren.
   Kaffee trinken.
   einen guten Film sehen.
   gut essen.
   gut übernachten.
   ein Taxi bekommen.

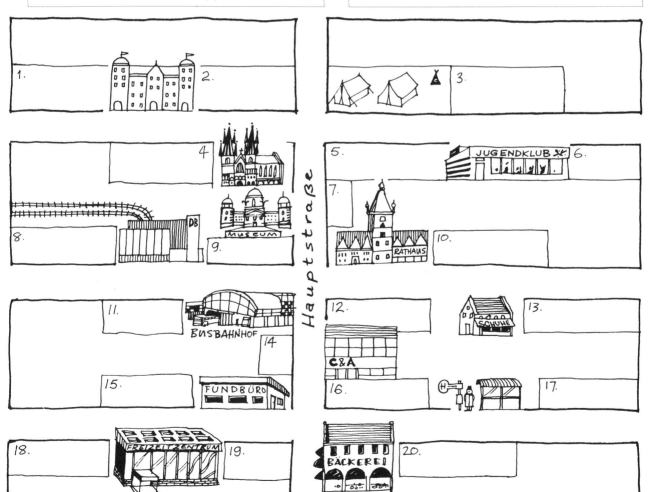

13

A3

Einkaufen
Was sagt man?

The customer says:
Saying what you require:

Ich möchte	ein Kilo	Zucker
	ein Pfund	Tomaten
Ich hätte gern	ein halbes Pfund	Käse
	X Gramm	Butter
	einen Liter	Milch
	eine Flasche	Wein
	eine Dose	Erbsen
	eine Tube	Zahnpasta
	eine Schachtel	Pralinen
	eine Tafel	Schokolade
	ein Glas	Konfitüre
	ein Päckchen	Vollkornbrot
	eine Packung	Bohnenkaffee
	vier	Orangen
	zehn	Eier

Asking the price:

Was kostet ein Kilo Zucker, bitte?
Was kosten 10 Eier, bitte?
Was macht das, bitte?

Saying that's all:

Das wär's.
Das wäre alles.

Comparing prices:

Eier sind im Toom-Markt	billiger.
Milch ist bei Dixis	teurer.

Dixis	ist im großen und ganzen	billiger.
Toom-Markt		teurer.

The shopkeeper says:
Asking what a customer requires:

Bitte schön?
Was darf es sein?
Kann ich Ihnen helfen?

Anything else?

Sonst noch etwas?
(Haben Sie) noch einen Wunsch?

Offering a choice:

Möchten Sie	Jacobs oder Melitta? Tropican oder Nivea?
	eine große oder eine kleine Packung/Flasche/Tube/Schachtel?
	Rotwein oder Weißwein/Mosel oder Rheinwein?
	Eine Liter-Flasche oder dreiviertel Liter?
	Vollmilchschokolade oder Nuß?
	Edamer Käse oder Butterkäse?
	Bananen-/Himbeer-/Erdbeer-/oder Vollmilchjoghurt?

Indicating unavailability:

Wir führen keine Fischstäbchen. *(We don't stock...)*
Wir haben keine Erdbeerkonfitüre (mehr). *(We haven't got any...)*

Offering an alternative:

Wir haben aber	Himbeerkonfitüre
Möchten Sie...?	Cola in Dosen

Stating the price:

Das macht (zusammen).....

Einkaufen

A3
Übung 1

Übung 1: Preisvergleich *
Comparing prices at two different shops

You and your partner are on a self-catering holiday in the FRG with your families. As you two speak such good German, you have been given the task of doing the family shopping.
You have each picked up leaflets advertising prices of similar items at two local hypermarkets, Toom-Markt and Dixis-Kaufhaus. Find out the cost of items at Dixis. Tell your partner about Toom-Markt's prices. Write down the information you have obtained under the headings:

	was	Preis im Toom-Markt	Preis bei Dixis
e.g.	250 g Butter	1,98 DM	?

Decide which shop is likely to be cheaper on the whole.
You could begin: *Was kostet 250 g Butter bei Dixis?*

A3
Übung 2/3

Einkaufen

Übung 2: Bitte schön? *
Going shopping
(4 separate situations)

You are the shop assistant in a small German store. Below is a picture of the goods you sell. Your partner wants to buy certain items. Find out what (s)he wants and 'sell' the items required. Tell your partner the relevant prices. Note down what you have sold under the headings:

| was, | Preis, | zusammen. |

You could begin: *Bitte schön? Kann ich Ihnen helfen?*

Übung 3: Eine große oder eine kleine Packung? **
Dealing with choice/unavailability
(4 separate situations)

Again your partner has a list of items (s)he wishes to buy. This time there may be a choice of goods you could offer (e.g. *Kaffee: Melitta oder Jacobs?*) or, if the items are not in the picture, they are not available at all (sold out, not stocked). Be polite and helpful. Note down what you have sold under the headings:

| was, | Preis, | zusammen. |

You could begin: *Was darf es sein?*

Unterkunft
Was sagt man?

A4

Asking the price of a room: (Übung 1a)

Was kostet ein	Einzelzimmer	ohne	Bad	im Hotel X ?
	Doppelzimmer	mit	Dusche	
	Dreibettzimmer		WC	

Stating the price of a room:

| Es | kostet | 50 | Mark pro Nacht. |
| Ein Zimmer| | 100 | |

Asking what the price includes: (Übung 1b)

Sind die Preise im Hotel inklusive Frühstück, Bedienung und Mehrwertsteuer?

Stating what the price includes:

Ja (Nein), das ist (nicht) inklusive Frühstück, Bedienung und Mehrwertsteuer.

Enquiring about hotel facilities:

| Gibt es | auch | Halbpension/Vollpension/Zimmer mit Fernseher/einen Parkplatz/ |
| Hat das Hotel | | einen Lift/ein Schwimmbad/ein Etagenbad? |

Describing the facilities at a hotel:

Ja (Nein), das Hotel hat	(keine)	Halbpension/Vollpension/Zimmer mit Fernseher.
es gibt	(k)einen	Parkplatz/Lift.
	(k)ein	Hallenbad/Freibad in der Nähe.

Asking for a room: (Übung 2/3)

| Haben Sie | ein | Einzelzimmer | mit | Bad | (frei)? |
| Ich möchte | | Doppelzimmer | ohne | Dusche | reservieren.|

Asking what room is required:

| Ein Einzelzimmer | oder | ein Doppelzimmer? |
| Mit Bad | | mit Dusche? |

Asking when a room is required:

| Für wie lange? |
| Von wann bis wann? |

Saying when you require the room:

Für	heute Nacht	von heute bis Montag.
	eine Nacht	vom ersten bis zum fünften Mai.
	2 Nächte	

Saying a room is/is not available and offering alternatives:

| Wir haben | (nur) ein | Einzelzimmer | mit | Bad | frei. |
| Zu der Zeit haben wir | leider kein | Doppelzimmer | ohne | Dusche | |

Asking for a cheaper room:

Das ist etwas zu teuer. Haben Sie ein billigeres Zimmer?

Saying you will take the room:

| Gut, ich nehme | es. | |
| | das Zimmer | mit Dusche. |

Asking what the room number is:

Welche Nummer hat das Zimmer?

Asking the client's name:

Wie ist Ihr Name, bitte?
Welcher Name wäre das?
Können Sie das buchstabieren?

A4 Unterkunft
Übung 1a/1b

Übung 1a: Was kostet ein Hotelzimmer? *
Enquiring about the cost of hotel rooms

You are staying in Ulm in the FRG for some months. A party of friends plan to visit Ulm during the month of May for a festival. They have asked you to book rooms for them. First you go to the tourist information office to make preliminary enquiries. Your partner works at the office.
Find out what rooms cost in the hotels listed below. Note down the prices.
You could begin: *Entschuldigen Sie, bitte, was kostet ein Einzelzimmer ohne Bad im Hotel zur Post?*

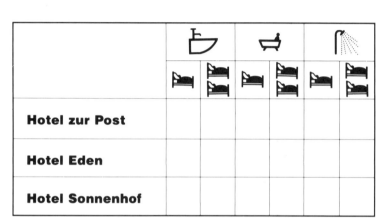

Übung 1b: Ausstattung *
Enquiring about facilities at the hotels

Find out if the prices include breakfast and VAT, whether half-board and full-board are available and what other facilities there are.

Note down the information (✓ = ja; — = nein; + 12 = Zuschlag von 12 DM)
You could begin: *Sind die Preise im Hotel zur Post inklusive Frühstück, Bedienung und Mehrwertsteuer?*

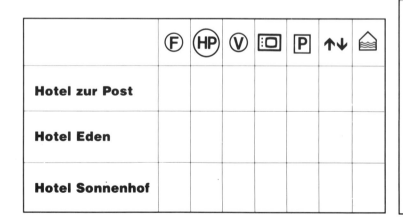

18

Unterkunft

A4 Übung 2/3

Übung 2: Haben Sie ein Zimmer frei? **
Booking hotel rooms

You and your German friends decide to try the *Hotel zur Post*. Book the rooms described below for your friends and book the room of your choice for yourself. You require all the rooms from today.
Note down what you have obtained under the headings:

| Name, Zimmernummer, Preis. |

You could begin: *Guten Tag. Haben Sie ein Einzelzimmer frei?*

1. Name: Markus Enghofer
   was: 🛏
   mit: 🚿 WC
   Nächte: 4

2. Name: Karin Fisch
   was: 🛏
   mit: 🛁 WC
   Nächte: 1

3. Name: Herr u. Frau Haus
   was: 🛏 🛏
   mit: 🚿
   Nächte: 5

4. Name: Karola u. Karl Zager
   was: 🛏 🛏
   mit: WC
   Nächte: 10

5. Name: Christa u. Peter Wolf u. Kind
   was: 🛏 🛏 🛏
   mit: —
   Nächte: 7

6. DU!

Übung 3: Zimmer reservieren ***
Dealing with choice/unavailability

You decide that the *Hotel zur Post* would be suitable for your friends who are coming to Ulm in May. Your friends have sent you the information below, describing their preferences. The prices given are inclusive of all requirements. + indicates that 2 separate rooms are preferred. You go to the hotel to book the appropriate rooms. If the requirements cannot be met exactly, use your judgement to obtain the best available compromise. Your partner will play the part of the hotel receptionist.
Note down what you have booked under the headings:

| Name, was, mit, von — bis, Preis, Zimmernummer. |

You could begin: *Ich möchte ein Zimmer reservieren, bitte.*

1. wer: M. Farr
   was: 🛏
   mit: 🛁 WC
   mit: —
   vom: 3.5. (Mittwoch)
   bis: 12.5.
   Preis: ungefähr 80 DM pro Nacht

2. wer: Mr & Mrs Harris
   was: 🛏 🛏
   mit: 🚿 WC
   mit: Frühstück
   vom: 8.5. (Montag)
   bis: 12.5.
   Preis: ungefähr 85 DM pro Nacht

3. wer: John & Sally Hatch + Kind
   was: 🛏 🛏 + 🛏
   mit: 🛁 WC
   mit: Frühstück
   vom: 2.5. (Dienstag)
   bis: 10.5.
   Preis: ungefähr 150 DM pro Nacht

4. wer: Mrs E. Wright
   was: 🛏
   mit: 🚿 WC
   mit: Frühstück
   vom: 21.5. (Sonntag)
   bis: 28.5.
   Preis: ungefähr 50 DM pro Nacht

5. wer: Mr & Mrs J. Slink
   was: 🛏 🛏
   mit: 🛁 WC
   mit: Frühstück
   vom: 1.5. (Montag)
   bis: 4.5.
   Preis: ungefähr 75 DM pro Nacht

6. wer: Mr & Mrs Bennett + 2 Kinder
   was: 🛏 🛏 + 🛏 🛏
   mit: —
   mit: 🛁 WC
   vom: 16.5. (Dienstag)
   bis: 17.5.
   Preis: ungefähr 120 DM pro Nacht

A5 Beschreibungen
Was sagt man?

Asking for a description of a person: (Übung 1/2/3a)

Wie sieht er/sie aus?		
Kannst du Können Sie	ihn/sie den Mann die Frau	beschreiben?

Describing people — general:

Er/sie ist Ist er/sie...?	(sehr) (ziemlich) (relativ) (weder... noch)	groß/klein/mittelgroß/ dick/dünn/schlank/ rundlich/hübsch/ schön/gutaussehend/ häßlich/jung/alt

hair:

Sein/ihr Haar ist Ist sein/ihr Haar...?	(sehr) (ziemlich) (relativ)	lang/kurz/schulterlang/glatt/ kraus/lockig/blond/hell/dunkel/ dunkelblond
Er/sie hat		langes/kurzes/glattes Haar.

face:

Sein/ihr Gesicht ist Ist sein/ihr Gesicht...?	schön/oval/lang/rund/rundlich/ eckig/breit/schmal
Er/sie hat	ein schönes/langes/rundes Gesicht.

distinguishing features:

Seine/ihre Nase ist Sein/ihr Mund ist	groß/klein.
Er/sie hat	eine große Nase, einen großen Mund.
Er/sie hat/trägt	eine Brille/einen Vollbart/einen Schnurrbart/Sommersprossen.

clothes:

Sein/ihr	Mantel/Pulli/Hut/ Kleid/Rock/Anzug	ist	hell dunkel
Seine/ihre	Hose/Jacke/Bluse/ Krawatte/Mütze		kariert gestreift
Seine/ihre	Schuhe/Stiefel/Jeans	sind	getupft.

Er/sie trägt	einen hellen Mantel eine dunkle Hose ein getupftes Kleid dunkle Schuhe.

Asking for a description of an object: (Übung 3b/4)

Wie	sieht der Regenschirm	aus?
	sehen die Handschuhe	

Welche Farbe hat er/sie/es?
Welche Marke?
Aus welchem Stoff/Material ist er/sie/es?
Was ist der Inhalt?/Was ist drin?

Kannst du Können Sie	den Schirm die Handschuhe	beschreiben?

Describing objects:

Er Sie Es	ist	groß/klein/rund/viereckig/ gestreift/getupft/schwarz/ weiß/dunkel/hell usw.

material:

Er/sie/es ist	aus	Seide/Nylon/Wolle/Baumwolle/ Leder/Plastik/Kunststoff/Holz/Metall/ Edelstahl/Gold/Silber usw.

details:

Er/sie/es hat	ein (rundes)	Gestell *(frame)*, Zifferblatt *(face)*, Armband *(strap)*, Abzeichen *(badge)*.
	einen (schwarzen)	Griff *(handle)*, Riemen *(strap)*, Reißverschluß *(zip)*.
	(weiße)	Tupfen/Pünktchen *(spots)*, Streifen *(stripes)*.
	eine Blume	als Anhänger *(pendant)*.
	ein/eine/einen	Bild/Geldbeutel/Kamm/Lippenstift usw. drin.

Beschreibungen

A5
Übung 1/2

Übung 1: Frauen beschreiben **
Describing people, physical characteristics only
You have just started an aerobics class and you are having difficulty remembering who everyone is. Below are six women. You know they are Frau Dingsbums, Frau Peters, Christiana Zimmer, Karola Zimt, Frau Zager and Frau Kron. However, you can't remember which person is which! Your partner knows everyone and can help you put the right name to the right person. Your partner will describe each person to you. Ask questions until you are sure who is who. Note down the names in the correct order.
You could begin: *Also, wie sieht denn Frau Dingsbums aus? Ist sie....?*

Übung 2: Wer ist denn das? **
Describing people, physical characteristics only
You and your partner were at a local football match together yesterday. Your partner knows who all the players are, but there were six men whose names you don't know. Find out from your partner the name of each man. Describe each man in turn until your partner is sure (s)he knows whom you are describing. Note down the name of each man in the correct order.
You could begin: *Wie heißt der kleine Mann mit....?*

21

A5
Übung 3a/3b

Beschreibungen

Übung 3a: Auf der Party **
Describing people, physical characteristics only
You went to a party at the weekend at your friend Anna's house. You particularly liked the four people pictured below. Your partner went to a party at Anna's house a while ago and also met four interesting people whose names (s)he can't remember. Are they the same four people? Name and describe each person in turn to see if your partner recognizes them. Decide between you whether you met the same four people or not and note down what you decide.
You could begin: *Inge Enghofer ist sehr schön...*

Inge Enghofer   Gabi Schneider   Thomas Weber   Bernd Zimmermann

Übung 3b: Nach der Party **
Describing objects
You had a party last night. Below are eight items that were left behind after the party. Your partner was at the party with some friends. You 'phone your partner to see if any of the lost property belongs to any of them. Describe each item in detail. Note down any item your partner recognizes and the name of the owner.
You could begin: *Hör mal, hast du zufällig einen Kuli bei mir gelassen?*

Beschreibungen

A5
Übung 4/5

Übung 4: Wem gehört das? ***
Describing people and belongings

The items pictured below have been left on the bus. They belong to the twelve people in the picture. Find out from your partner who owns each lost item and number the items appropriately.
You could begin: *Wem gehört die Zeitung?*

Übung 5: Suchbild ***
Describing clothes

You and your partner both have similar sketches of a pop-star. However, he is dressed slightly differently in each sketch. There are eight differences. You and your partner should each describe your picture until you have spotted and noted down the differences.
You could begin: *In meinem Bild trägt er einen schwarzen Ledermantel.*

Suchbild

*Dieter Dornburg muß genau unter die Lupe genommen werden!
Die Zeichnung unterscheidet sich von der Zeichnung im anderen Buch durch eine Anzahl von Fehlern.
Was sind sie?*

A6

Reisen
Was sagt man?

departure: (Übung 1/3/4)

Wann	fährt	der Sonderzug der (nächste) Zug der Bus	von Celle ab? nach Karlsruhe? von Frankfurt ab?	Um 6 Uhr.
	geht/fliegt	die Maschine	nach Zypern?	

Gibt es	um X Uhr	einen Zug	von Z nach Y?

arrival: (Übung 1/3/4)

Wann	kommt	der Zug der Bus der Flug die Maschine	in Großburgwedel in Karlsruhe in Frankfurt	an?	Um 22 Uhr.

platform: (Übung 1/3)

Von welchem Gleis fährt der Zug ab?	Von Gleis 4.

changing trains: (Übung 3)

Wo muß ich/man umsteigen?	In Karlsruhe.
Muß ich/man umsteigen?	Nein, das ist nicht nötig. Nein, Sie fahren direkt nach Karlsruhe.

train type: (Übung 3)

Was ist das für ein Zug?	Das ist	ein Trans-Europ-Express/ein Intercity-Zug/ ein Schnellzug/ein D-Zug/ein Eilzug.

facilities: (Übung 3)

Gibt es	einen Speisewagen	im Zug?
Hat der Zug	einen Büffetwagen? einen Schlafwagen?	

flight/journey number: (Übung 4)

Die Flugnummer, bitte? Die Reisenummer, bitte?

tickets: (Übung 2/3)

Was kostet...?	eine Karte eine einfache Karte	erster Klasse zweiter Klasse	nach Karlsruhe
Ich möchte	eine Rückfahrkarte		

Einmal Zweimal	einfach hin und zurück erster Klasse zweiter Klasse	nach Karlsruhe, bitte.	Erster oder zweiter Klasse? Einfach oder hin und zurück?

means of transport: (Übung 4)

Wie fährt man dahin?	Mit dem Bus/Schiff/Hovercraft/Flugzeug.

suggesting/accepting/declining (Übung 4): see also **Verabredungen** p. 46

Reisen

A6
Übung 1/2

Übung 1: Der Sonderzug nach Willingen
Departure/arrival times, platforms

You and a group of friends are planning a trip on the special train to Willingen which stops at several of the villages where your friends live. You want to know when it stops at each place, when it leaves and from what platform. Find out the missing information from your partner and note it down. Tell your partner any information (s)he requires.
You could begin: *Wann fährt der Sonderzug von Celle ab?*

Ein Angebot der **DB** touristik

Der Schöne Tag

Wintersport-Sonderzug mit Tanzwagen

am 15. Januar
am 19. Februar nach **Willingen** (Sauerland)

AB	GLEIS	AN
Uhr ab Celle	Gleis	7.37 Uhr an Großburgwedel
7.39 Uhr ab Großburgwedel	Gleis 2	Uhr an Langenhagen
Uhr ab Langenhagen	Gleis	8.00 Uhr an Hannover Hbf
8.05 Uhr ab Hannover Hbf	Gleis 9	Uhr an Empelde
Uhr ab Empelde	Gleis	8.19 Uhr an Ronnenberg
8.20 Uhr ab Ronnenberg	Gleis 3	Uhr an Weetzen
Uhr ab Weetzen	Gleis	8.38 Uhr an Springe
8.40 Uhr ab Springe	Gleis 4	Uhr an Bad Münder
Uhr ab Bad Münder	Gleis	Uhr an Hameln
8.58 Uhr ab Hameln	Gleis	9.28 Uhr an Himminghausen
Uhr ab Himminghausen	Gleis 3	Uhr an Wimmingen
Uhr ab Wimmingen	Gleis 4	11.06 Uhr an Willingen

Reisepreis: Erwachsene 29,-DM
Kinder (4-11 Jahre) 15,-DM

Übung 2: Was kostet eine Fahrkarte? *
Finding out the prices of train tickets

Study the ten train tickets below, copy the table and fill in the prices. Find out from your partner any missing prices and tell your partner the prices you know.
You could begin: *Was kostet eine Fahrkarte nach...?*

von Frankfurt nach:	1. Klasse →	2. Klasse →	1. Klasse ⇄	2. Klasse ⇄
Bonn				
Göttingen				
Heidelberg				
Stuttgart				
München				

→ Fahrpreise für einfache Fahrt
⇄ Fahrpreise für Hin- und Rückfahrt

DB Klasse: 2 Preis: DM 36,00
Tarif: einfache Fahrt
von: Frankfurt
nach: Bonn

DB Klasse: 2 Preis: DM 41,00
Tarif: einfache Fahrt
von: Frankfurt
nach: Stuttgart

DB Klasse: 2 Preis: DM 82,00
Tarif: Hin- und Rückfahrt
von: Frankfurt
nach: Stuttgart

DB Klasse: 1 Preis: DM 29,00
Tarif: einfache Fahrt
von: Frankfurt
nach: Heidelberg

DB Klasse: 2 Preis: DM 160,00
Tarif: Hin- und Rückfahrt
von: Frankfurt
nach: München

DB Klasse: 1 Preis: DM 108,00
Tarif: Hin- und Rückfahrt
von: Frankfurt
nach: Bonn

DB Klasse: 1 Preis: DM 148,00
Tarif: Hin- und Rückfahrt
von: Frankfurt
nach: Göttingen

DB Klasse: 1 Preis: DM 58,00
Tarif: Hin- und Rückfahrt
von: Frankfurt
nach: Heidelberg

DB Klasse: 2 Preis: DM 49,00
Tarif: einfache Fahrt
von: Frankfurt
nach: Göttingen

DB Klasse: 1 Preis: DM 120,00
Tarif: einfache Fahrt
von: Frankfurt
nach: München

DB Nachdenken und Bahnfahren

A6
Übung 3

Reisen

Übung 3: Wann fährt der nächste Zug nach Karlsruhe? ***
Detailed enquiries about travelling by train
(6 separate situations)

In each of the following situations you want to travel from Düsseldorf to Karlsruhe and back. In each instance, find out the details of the next train to Karlsruhe and details of an appropriate train from Karlsruhe to Düsseldorf. Note down the information you obtain under the headings given below *(Meine Reiseverbindungen)*.

You could begin: *Wann fährt der nächste Zug nach Karlsruhe, bitte?*

a)	Es ist Montag, 8.00 Uhr. Du willst am Freitag um ungefähr 13.00 Uhr zurückfahren. Du willst eine Rückfahrkarte zweiter Klasse.	**b)**	Es ist Dienstag, 9.00 Uhr. Du willst morgen um ungefähr 10.00 Uhr zurückfahren. Du willst eine einfache Karte erster Klasse.
c)	Es ist Freitag, 11.30 Uhr. Du willst am Montag um ungefähr 8.30 Uhr zurückfahren. Du willst eine einfache Karte zweiter Klasse.	**d)**	Es ist Donnerstag, 13.30 Uhr. Du willst am Montag um ungefähr 6.30 Uhr zurückfahren. Du willst eine einfache Karte erster Klasse.
e)	Es ist Montag, 16.00 Uhr. Du willst am Samstag um ungefähr 17.00 Uhr zurückfahren. Du willst eine Rückfahrkarte erster Klasse.	**f)**	Es ist Mittwoch, 9.00 Uhr. Du willst am Sonntag um ungefähr 18.00 Uhr zurückfahren. Du willst eine Rückfahrkarte zweiter Klasse.

DB Meine Reiseverbindungen

ab Düsseldorf	an Karlsruhe	Zugtyp	wo umsteigen	Speisewagen?	Preis	Zuschlag?

ab Karlsruhe	an Düsseldorf	Zugtyp	wo umsteigen	Speisewagen?	Preis	Zuschlag?

Reisen

A6
Übung 4

Übung 4: Wohin fahren wir? ***
Negotiating travel arrangements for a holiday

You and your partner are living in Frankfurt and are planning a winter holiday together. You each have details of different holidays. Discuss all the holidays and decide which one(s) would suit you both best. Note down details of the holidays you select under the headings:

| wohin, | wie, | ab, | an, | Hotel, | Preis, | Reisenummer. |

You could begin: *Wie wär's mit Ägypten?*

> You don't want to be away for New Year *(Silvester)*.
> You don't want to travel late at night, or very early in the morning.
> You suffer from sea-sickness.

Ab = Abfahrt ab Frankfurt;
An = Ankunft in Frankfurt;
Preise sind pro Person.

15-Tage-Flugreise
Ägypten
Hotel Alida
Ab: 9. Dez. 10.30 Uhr
An: 24. Dez. 11.00 Uhr
Flug Nr. DW112
DM **2320,-**

5-Tage-Busreise
Rom
Hotel Roma
Ab: 7. Dez. 7.30 Uhr
An: 12. Dez. 14.00 Uhr
Busreise Nr. 127
DM **299,-**

6-Tage-Busreise
Ramsau Österreich
Im Spitzenhotel Edelweiß
Ab: 16. Dez. 9.00 Uhr
An: 22. Dez. 12.30 Uhr
Busreise Nr. 162
DM **599,-**

6-Tage-Busreise Weihnachten in
Flandern
Holiday Inn Hotel Antwerpen
Ab: 22. Dez. 6.30 Uhr
An: 28. Dez. 12.30 Uhr
Busreise Nr. 299
DM **439,-**

A7 Camping und Jugendherberge
Was sagt man?

Enquiring about costs (campsite): (Übung 1)

Was kostet	eine Übernachtung für einen Erwachsenen/ein Kind?
	ein Stellplatz?

Enquiring about costs (Youth hostel): (Übung 3)

Was kostet	eine Übernachtung für Senioren/Junioren/Gruppenleiter?
	ein Lunchpaket/ein Abendessen/ein Mittagessen?
	die Leihgebühr für Bettwäsche/einen Schlafsack?

Enquiring about/describing facilities (campsite):

Wie viele Stellplätze für Zelte/Wohnwagen hat der Campingplatz?	
Ist der Campingplatz...? / Der Campingplatz ist	ruhig/schattig
Hat der Campingplatz...? / Der Campingplatz hat	Strom-Anschluß/Campinggas/Warmduschen/ein Lebensmittelgeschäft/ eine Bar/ein Restaurant/Fertiggerichte zum Mitnehmen/einen Fernsehraum/einen Kinderspielplatz/ein Kinderplanschbecken/ ein Frei-/Hallenbad

Enquiring about/describing facilities (Youth hostel): (Übung 2)

Wie viele Betten/Tagesräume/Sporträume/Familienzimmer/hat die Jugendherberge?	
Die Jugendherberge hat / Hat die Jugendherberge...?	X Betten/Tagesräume/Sporträume/Familienzimmer/ Warmwasser/Duschen/Familienzimmer/Kochgelegenheit
Ist die Jugendherberge verkehrsgünstig? Wie weit ist es zum Bahnhof/zur nächsten Haltestelle? Der Bahnhof/die Haltestelle ist X Gehminuten entfernt.	

Booking places at a youth hostel: (Übung 3)

Ich möchte X Plätze in der Jugendherberge reservieren.

Asking/saying how many people:

Wir sind	X	Personen/Senioren/Junioren/Gruppenleiter/	
Wie viele		Mädchen/Jungen/Frauen/Männer	sind Sie?

Asking/saying how long for/when:

Wie viele Nächte wollen Sie bleiben?	(Wir wollen) X Nächte (bleiben).
Wann kommen Sie an? / fahren Sie ab? / wollen Sie abfahren?	Am 5. Juni. Um X Uhr.

Meals, bedlinen:

Wollen Sie	Mahlzeiten Bettwäsche Schlafsäcke	bestellen?	Ich möchte	Frühstück Lunchpakete Mittagessen Abendessen Bettwäsche Schlafsäcke	für X Personen bestellen.

Camping und Jugendherberge

A7 Übung 1

Übung1: Campingplätze **
Choosing a camp-site on the basis of facilities

You are planning to camp in the vicinity of Schwangau, Bavaria, in order to visit the famous *Königsschlösser*, Neuschwanstein and Hohenschwangau. There are four possible sites. Your partner has details of two sites and you have the information about the other two.

a) Find out from your partner all the details of *Ferienplatz Brunnen* and *Internationaler Campingplatz Schwangau*. Tell your partner about the camp-sites below.
You could begin: *Ist der Ferienplatz Brunnen ruhig?*

Preisliste
Erwachsene......................8,00 DM
Kinder (2 bis 14 J.)...............7,50 DM
Stellgebühr.........................11,50 DM

Preisliste
Erwachsene......................8,50 DM
Kinder (2 bis 14 J.)..............7,00 DM
Stellgebühr ....10,00 DM

b) Discuss which site would be most suitable for these parties and note down what you decide.

i) Herr u. Frau Müller, 2 kleine Kinder + Wohnwagen.
ii) 4 Teenager + Zelt.
iii) Du und dein(e) Partner(in).

Schlüssel

	ruhig		Warmduschen		Fernsehen
	schattig		Waschmaschinen		Tennis
100	Stellplätze (für Zelte)		Lebensmittelgeschäft	m	Minigolf
	Stellplätze (für Wohnwagen)		Bar		Kinderspielplatz
	Strom-Anschluß für Wohnwagen		Restaurant		Kinder-Planschbecken
	Campinggasverkauf		Fertiggerichte zum Mitnehmen		Freibad
					Hallenbad

29

A7
Übung 2 — **Camping und Jugendherberge**

Übung 2: Übernachtungen in der Jugendherberge reservieren **
Booking places at youth hostels
(2 separate situations)

You have been asked to make bookings for two different parties at the youth hostels at Göttingen and Goslar in the FRG. You filled in the forms below but forgot to post them in time, so you will have to make telephone bookings. Your partner will play the role of the warden at each hostel. Tell your partner what you require. Find out any relevant costs. Note down the prices under the headings:

Junioren:	(pro Nacht)
Senioren:	(pro Nacht)
Lehrer:	(pro Nacht)

Frühstück:	(pro Tag u. Person)
Mittagessen:	(pro Tag u. Person)
Lunchpaket:	(pro Tag u. Person)
Abendessen:	(pro Tag u. Person)
Schlafsäcke:	(pro Tag u. Person)
Bettwäsche:	(pro Tag u. Person)

Helfen Sie der Jugend der Welt

In 54 Ländern gibt es 5100 Jugendherbergen

Aber es sind noch nicht genug

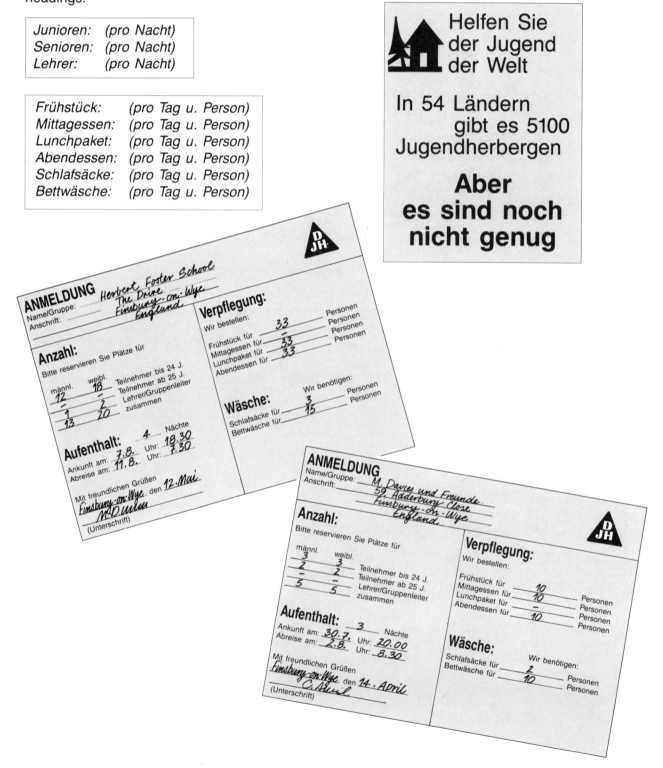

Camping und Jugendherberge

A7 Übung 3

Übung 3: Eine Jugendherberge aussuchen ***
Selecting a youth hostel on the basis of facilities available

A party of thirty students, two teachers and their families are planning a walking tour of the Harz, staying at three or four youth hostels in the area. The group intends to do most of its own cooking, but taking some hostel meals, and to travel by public transport when necessary. You and your partner have to select suitable hostels. Your partner has all the details.

a) Look at the map of the Harz and find out from your partner which of the hostels marked meet your basic requirements (i.e. enough beds, at least two family rooms, cooking facilities and a station or bus stop within reasonable walking distance). If any hostel meets these requirements, find out all the additional information available about it, and note down the information under the headings below.

b) On the basis of this information and the map, discuss with your partner which three or four hostels would best enable the party to see the area and enjoy the holiday. Note down what you have decided.

You could begin: *Wie viele Betten hat die Jugendherberge Altenau?*

			e.g.
1		Jugendherberge	ALTENAU
2		Telefon	05328 361
3		Betten	189
4		Tagesräume	6
5		Sporträume	3
6		Warmwasser	✓
7		Duschen	✓
8		Familienzimmer	20
9		Kochgelegenheit	✓
10		Vollverpflegung	—
11		Schwimmbad ⎫	30
12		Bahnhof ⎬ Minuten entfernt	—
13		Bushaltestelle ⎭	3
14		was noch vorhanden ist	Tischtennis Fernsehen Freiluftschach

31

A8 Krankheit
Was sagt man?

Asking about/describing symptoms:

Ich habe Haben Sie...? Er/sie hat Hat er/sie...?	Kopfschmerzen Halsschmerzen Ohrenschmerzen Magenschmerzen Zahnschmerzen Durchfall Verstopfung Fieber Husten einen Sonnenbrand einen Schnupfen eine Erkältung eine (leichte) Übelkeit eine allergische Reaktion weitere Beschwerden
Mir ist	schlecht/kalt/ warm/schwach/ schwindlig.

Asking for/offering a medicine:

Haben Sie...? Ich möchte Ich gebe Ihnen	ein Mittel ein Medikament	gegen Kopfschmerzen usw.
	etwas	
	Tabletten	zum Einnehmen
	ein Gel eine Salbe	zum Einreiben

The price:

Was kosten die Tabletten? Was kostet die Salbe?	Die Tabletten kosten... Die Salbe kostet...

Directions for use of the medicines:

Wie oft muß ich	die Tabletten nehmen? die Salbe einreiben?
Sie müssen	die Tabletten zweimal täglich nehmen. die Salbe dreimal täglich einreiben.

Asking about/describing the duration of the illness:

Seit wann	sind Sie krank? ist er/sie krank?

Ich bin (schon) Er ist	seit 2 Tagen seit gestern seit vorgestern seit 2 Stunden	krank.

Asking for/giving advice:

Was raten Sie mir? Was empfehlen Sie? Was muß ich (noch) machen? Muß ich zum Arzt/Zahnarzt gehen?

Ich rate Ihnen,	im Bett **zu** bleiben. zum Arzt **zu** gehen.
Sie müssen Sie sollten	im Bett bleiben. nach X Stunden/Tagen zum Arzt gehen.

(Übung 2: In der Apotheke)

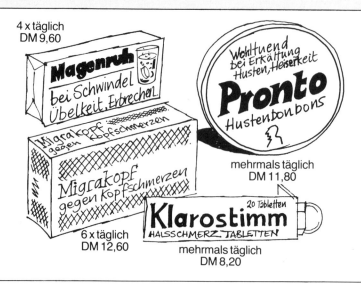

32

Krankheit

A8
Übung 1/2

Übung 1: Was ist los? *
Describing an illness

Below are ten pictures depicting common health problems. Your partner has the same ten pictures in a different order (marked a-j). Tell your partner what is wrong with each person so (s)he can number his/her pictures in the correct order. Your partner will report back what you said in the correct order for you to check it.

You could begin: *Diese Person hat...*

Übung 2: In der Apotheke ***
Obtaining and giving medical advice
(8 separate situations)

You are a chemist! Your partner asks your advice about a minor ailment. In each situation, find out what is wrong with your partner and how long (s)he has been ill, checking for symptoms. Give advice from the list below *(Ratschläge)*. Wherever possible offer suitable medicine, giving the dosage and the cost. Note down details under the headings:

Krankheit	**krank seit...**	**Medikament**
e.g. Kopfschmerzen	2 Stunden	Schmerzol (5,20)

You could begin: *Kann ich Ihnen helfen?*

Krankheit	Was machen?	Wenn es nicht besser geht...
Fieber	im Bett bleiben. viel Wasser trinken. Schmerztabletten einnehmen.	nach 24 Stunden zum Arzt gehen.
Husten	viel trinken. nicht rauchen.	nach 1 Woche zum Arzt gehen.
Durchfall	während 24 Stunden nichts essen. viel Flüssigkeit trinken.	nach 24 Stunden zum Arzt gehen.
Übelkeit	fette Speisen vermeiden. keinen Alkohol trinken.	nach 1-2 Tagen zum Arzt gehen.
Ohrenschmerzen	Schmerztabletten einnehmen.	sofort zum Arzt gehen.
Halsschmerzen	viel Wasser trinken.	nach 3 Tagen zum Arzt gehen.
Kopfschmerzen	Anstrengungen vermeiden. sich ausruhen.	nach 24 Stunden zum Arzt gehen.
Hautallergien	mit Salbe einreiben.	nach 24 Stunden zum Arzt gehen.
Sonnenbrand	mit Salbe einreiben. aus der Sonne bleiben.	nach 1-2 Tagen zum Arzt gehen.

N.B. This task is just for fun! The advice is not to be taken seriously.

A9 — Freizeit und Interessen
Was sagt man?

Asking about likes and dislikes: (Übung 1-3)

Was machst du gern?
Was macht er/sie gern?
Was machen Sie/sie gern?

Was sind	deine seine ihre	Hobbys? Interessen?

Wofür interessierst du dich?
Wofür interessiert er/sie sich?
Wofür interessieren Sie/sie sich?

Welche Fernsehprogramme siehst du gern?
Siehst du gern Zeichentrickfilme/Krimis?

Describing likes and dislikes: (Übung 1-3)

Er/sie	sieht	gern	fern.
	geht	gern	ins Kino. spazieren. schwimmen.
	besucht	gern	Freunde.
	arbeitet	gern	im Garten.
	kocht	gern.	
	tanzt	gern.	
	reitet	gern.	
	fotografiert	gern.	
	usw.		

Ich sehe gern Krimis.
Sie/sie sehen gern fern, usw.

Ich interessiere mich für Er/sie interessiert sich für Sie/sie interessieren sich für	Sport. Tanzen. die Musik von „Steinwolke".

Meine/seine/ihre	Hobbys Interessen	sind	Handball, Reiten, Lesen, Tanzen.

Ich mag Er/sie mag Sie/sie mögen	Sport, Musik, Tanzen, Reisen, Aerobic, das Kino, Quizsendungen, Sportsendungen.

Saying two people are (not) suited: (Übung 1b/2)

X paßt zu Y, weil beide Sport und Musik mögen.
X wäre der richtige Partner/Brieffreund für Y, weil beide gerne spazierengehen.
X wäre nicht die richtige Partnerin/Brieffreundin, weil er gern Musik hört und sie nicht.

Asking for a description of a TV programme: (Übung 4)

Was für ein Programm ist das? Wovon handelt das Programm?	Das ist ein Zeichentrickfilm. Das ist ein Krimi.

Asking when a TV programme begins/ends: *Saying why you (don't) want to watch a programme:*

Wann beginnt das Programm? Wann ist das Programm zu Ende?	Sport interessiert mich (nicht). Ich interessiere mich (nicht) für Quizsendungen. Ich sehe (nicht) gern Musiksendungen.

Suggesting/agreeing/disagreeing (Übung 4): see also **Verabredungen** p. 46

Freizeit und Interessen

A9
Übung 1a/1b

Übung 1a: Was machen sie gern? *
Describing likes and dislikes

Below are some pictures to show the interests of five young women who are looking for partners. The dating computer is out of order. Tell your partner about their interests and find out the interests of the five young men (Karl, Dieter, Joachim, Carsten, Rainer). Note down their interests using the symbols: ✓✓, ✓, ✗, ✗✗.

You could begin: *Was macht Karl gern?*

sehr gern	✓✓
gern	✓
nicht gern	✗
überhaupt nicht gern	✗✗

Schlüssel

- lesen
- malen
- fotografieren
- fernsehen
- spazierengehen
- tanzen gehen
- einkaufen gehen
- schwimmen gehen
- in die Kneipe gehen
- ins Restaurant gehen
- ins Kino gehen
- im Garten arbeiten
- Sport treiben
- Musik hören
- Musik machen
- reiten
- Freunde besuchen
- kochen

Übung 1b: Partner **
Match-making on the basis of interests

Using the information you have exchanged above, discuss with your partner which woman would be the most suitable match for which man on the basis of their interests. There may be some mismatch. Note down what you have decided.

You could begin: *Was meinst du, wer wäre der beste Partner für Ulla?*

A9 Übung 2 — Freizeit und Interessen

Übung 2: Treffpunkt! **
Matching penfriends on the basis of interests

Below are six teenagers who are looking for penfriends. Your partner has a list of a further six teenagers. Discuss with your partner who would be the most suitable penfriend for each person. You can choose more than one penfriend for each person and you can match penfriends within your own list. Note down the names and addresses of the people you match up.
You could begin: *Annette Meyer hört gern Musik von...*

BIN 15 JAHRE ALT und suche nette Leute zwischen 15 und 17 J. zwecks Federkrieg. Ich höre gern Musik von Wham, Police und Kajagoogoo. Annette Meyer, Hauptstr. 18, 5300 Bonn 3.

SPORTLICHES FRECHES GIRL, sucht Briefkontakt in aller Welt. Meine Hobbys: Sport und Spaß. Heike Wagner, Lärchenstr. 1, 8500 Nürnberg 20.

VERSTÄNDNISVOLLER BOY, 17 Jahre alt sucht Brieffreundin (15-17 J.) Meine Interessen: Lesen, Malen, und lange Briefe schreiben. Rüdiger Sohlfrank, Alpenstr. 6, 7441 Wolfschlugen.

HUNGRIGER BRIEFKASTEN wartet auf Futter. Fröhliches Mädchen, 14 J., sucht nette Brieffreunde. Meine Hobbys: Jazz-Dance, Musik, Badminton, Aerobic, Tiere und... und... Uta Lucht, Hauptstr. 9, 8260 Mühldorf.

MEINE HOBBYS: Sport (Segeln, Ski, Schwimmen, Reiten), Briefeschreiben, Reisen. Mein Alter: 15. Beate Waiblinger, Marktstr. 45, 6129 Lützelbach.

HALLO! Wer schreibt einem Berlinfan? Ich bin 16 Jahre alt. Meine Hobbys sind Lesen, Tanzen und Musik von Culture Club. Bernd Ripp, Grafenstr. 6, 2000 Hamburg 62.

Im BRAVO-Treffpunkt könnt Ihr Brieffreunde aus dem In- und Ausland finden. Die Veröffentlichung ist kostenlos. Schickt Euren Kurztext und ein Paßfoto an BRAVO-Treffpunkt, 8000 München 100. Falls zu viele Partnerwünsche eingehen, entscheidet das Los, wer veröffentlicht wird. Rücksendung leider nicht möglich.

Follow-up work

Write a short text about yourself and the kind of penfriend you would like, similar to those above. Send it to **BRAVO** and wait for replies!

Freizeit und Interessen

A9
Übung 3

Übung 3: Fernsehen ***
Arranging to watch TV programmes on the basis of interests
(3 separate situations)

You have the programme-planner for *Programm 1(ARD)*. Your partner has *Programm 2 (ZDF)*. In each of the following situations, taking into account 'your' interests, discuss with your partner what three or four TV programmes you would like to watch together. Make sure the programmes you select are not on at the same time! Note down what you have selected under these headings:

	Programm:	**was:**	**Beginn:**	**Ende:**
e.g.	Charlie Brown	Zeichentrickfilm	16.05	16.30

You could begin: *Wollen wir vielleicht... sehen?*

a) Du magst Sport, Musik und alles, was Spaß macht. Du interessierst dich überhaupt nicht für Mode.

b) Deine Interessen: Tiere, Politik, Krimis. Western kannst du nicht leiden.

c) Choose three or four programmes on the basis of your real interests!

 Die Vogelscheuche
Ein seltsamer Dieb
Eine Schlechtwetterperiode bringt Wurzel auf die Idee, sich ein Dach über dem Kopf zu suchen. Er zieht in die Scheune der Scatterbrook-Farm und richtet sich ein.

Mr. Peters, Sue und John haben eine Begegnung mit dem Krähenmann

Charlie Brown, Marcie (mit Brille) und Snoopy wetteifern

 Lassies Abenteuer
Während Ranger Stuart einen Vortrag hält, streift Lassie durch das Gebäude. Er schließt Bekanntschaft mit dem kleinen Kätzchen des Hausmeisters, das ständig ausreißt und sich versteckt.

 Charlie Brown
Die Junioren-Olympiade steht bevor. Charlie Brown hat eifrig für diesen Wettkampf trainiert. Die Konkurrenz ist jedoch groß. Wer wird Sieger?

Unzertrennlich: Ranger Stuart und Lassie

Die Sport-Reportage
Männer: Hammer, Dreisprung, Speer, 200 m, 800 m, 3000 m, 300 m Hindernis, 110 m Hürd., 4×400 m; Frauen: Weit, Hoch, Speer, Kugel, 200 m, 800 m, 3000 m, 100 m Hürden, 4×400 m.

3000-m-Kopf-an-Kopf-Rennen: B. Kraus (l.), M. Decker

 **Wunschfilm der Woche**
Mach's noch einmal, Sam
Seine Kinoleidenschaft bringt Allan die Scheidung ein. Was nun? Leinwand-Held Bogart erteilt Ratschläge.
Getrennt (D. Keaton, W. Allen)

 **Projekt Fischotter**
Die Forschung soll helfen
Nur noch 200 Fischotter leben bei uns. Die Zerstörung ihrer Lebensräume hat diese an ein Wasserleben angepaßten Vertreter der Marderfamilie an den Rand des Aussterbens gebracht.

Sind die Tiere noch zu retten?

 **Die Profis**
Geschäftsmann als Spion
Eine Londoner Diebesbande hat sich darauf spezialisiert, Kunstgegenstände und wichtige Unterlagen aus geheimer Industrieforschung zu stehlen. Dabei schreckt die Bande nicht vor Mord zurück. CI 5 soll den Fall aufklären. Dabei stoßen sie auf einen Fotografen.

Die maskierten Gangster erbeuten den wertvollen Prototyp eines Spezialbohrers

 Tiere unter heißer Sonne
Verhaltensstudien von Elefanten in Afrika
Eine Elefantenherde mit Jungtieren und Babys geht den Weg zum Wasserloch täglich und immer zur gleichen Zeit. Dabei wird das Verhalten der Elefantenmütter beobachtet.

 **Rock-Pop Music Hall**
Superprogramm für Fans
Fortsetzung der Mitwirkenden: Meri D. Marshall, Peter Cornelius, Paul Young, Twins, Nena, Winder, Frankie goes to Hollywood, The Window speaks, Stephen Tin Tin Duffy, Modern Talking, Chris Rea, Raff, King.

Top act: Frankie goes to Hollywood

Tip
If your German is good enough, take into account the written description of the programmes. Don't expect to understand every word. Otherwise, disregard the writing and concentrate on the picture and the title.

A10 — Essen und trinken
Was sagt man?

Asking what a dish is/what is in it: (Übung 1)

Was ist	Rheinischer Topfkuchen? Jägerschnitzel?

Enthält es...?	Fleisch/Fisch/Käse/Eier/
Es enthält	Kartoffeln/Gemüse/Gewürze

Ordering a meal: (Übung 2)

Bedienung, bitte! Herr Ober!

Ich möchte Ich hätte gern Was kostet...?	einmal zweimal (die)	Gulaschsuppe, bitte

Die Rechnung, bitte! Zahlen, bitte!

What the waiter says: (Übung 2)

Was möchten Sie?/Sie wünschen? Haben Sie schon gewählt?

Und zu trinken? Möchten Sie einen Nachtisch? Wir haben keine Gulaschsuppe (mehr).

Das macht zusammen...

Asking about/describing restaurants: (Übung 3)

Was für ein Restaurant ist	das „Meraki"?

Das ist ein	deutsches/französisches/ dänisches/italienisches/griechisches/ indisches/russisches/lusitanisches/ israelisches/vegetarisches Restaurant.

Was für Gerichte gibt's im „Meraki"? Was kann man im „Meraki" zu essen bekommen?

Es gibt	deutsche Küche. dänische Spezialitäten. Salate.

Opening times:

Wann ist	das „Meraki"	geöffnet?
Hat	es	einen Ruhetag?

Montags bis samstags/von 10 Uhr bis 22 Uhr.
Nein/Ja, am Montag.

Where:

Wo ist denn das „Meraki"?

Suggesting a restaurant: (Übung 4)

Wie wär's mit dem „Meraki"? Wollen wir ins „Korso Cafe" gehen?

Agreeing/disagreeing/suggesting alternatives:

Okay, gehen wir ins „Meraki". Ach, nein, gehen wir lieber ins „Glass House".

Giving a reason/an excuse:

Das „Meraki" hat Im „Meraki" gibt's	(keine) (kein)	Live-Musik. Frühstück.
Im „Meraki" kann man	(nicht)	tanzen. Billard spielen.
Griechische Küche Salate	mag ich	nicht. gern.

Meeting time/place:

Wann denn? Wo denn?	Am Montag/um 21 Uhr. Im Restaurant. Vor dem Restaurant.

Suggesting/agreeing/disagreeing: see also **Verabredungen** *p. 46*

Essen und Trinken

A10
Übung 1

Übung 1: Essen: mal 'was anderes! *
What's in a meal

You have been invited to a German friend's house for a meal. Your host(ess) (your partner) has been very thoughtful and has offered you the choice of these dishes: *Königsberger Klopse, Linsenfrikadellen, Rheinischer Topfkuchen, Rouladen*. Find out what is in each dish and roughly what it is. Note down the information under the following headings:

	Gericht	Fleisch	Fisch	Eier	Käse	Kartoffel	andere Gemüsesorten	Gewürze
e.g.	Bauernomlett	x	x	✓	x	✓	Tomaten Paprikaschoten	Paprika Salz Pfeffer

You could begin: *Was sind Königsberger Klopse? Gibt es Fleisch drin?*

39

A10 Übung 2 — Essen und Trinken

Übung 2: Im Restaurant **
Ordering a meal
(6 separate situations)

You go to a restaurant where your partner is the waiter. In each situation, study the menu and note down what you would like to order. Unfortunately, the prices have been missed off the menu. Try to order the meals you have chosen, but be prepared to choose again if something is unavailable or too dear. Note down what you obtain, the cost of each item and the total cost.
(In situations 3-6, where there is a price limit, start by finding out the prices of appropriate dishes.)
You could begin: *Ich hätte gern...*
Order the following:

1. Three courses with wine for yourself and your true love. Money is no object. Get the best on the menu!

2. A main course and a drink for yourself and your two friends. You are all vegetarians.

3. Three courses and a drink for you and a friend. You both hate eggs and your friend hates fish. You can spend up to 60 DM altogether.

4. A main course, a sweet and a drink for yourself and your auntie. You'd like to try something from the 'Hauptspeisen' section, but you can't spend more than 50 DM altogether.

5. You and your friend are broke but absolutely starving. What can you get for 25 DM altogether? Can you get three courses?

6. Two courses and a drink for you and your friend. You are both on a diet and you don't drink alcohol. You can spend up to 35 DM altogether.

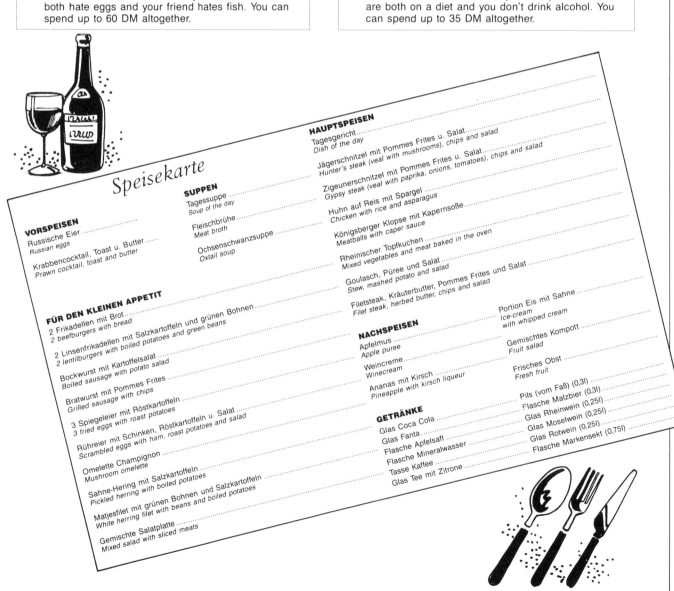

Speisekarte

VORSPEISEN
Russische Eier / Russian eggs
Krabbencocktail, Toast u. Butter / Prawn cocktail, toast and butter

SUPPEN
Tagessuppe / Soup of the day
Fleischbrühe / Meat broth
Ochsenschwanzsuppe / Oxtail soup

HAUPTSPEISEN
Tagesgericht / Dish of the day
Jägerschnitzel mit Pommes Frites u. Salat / Hunter's steak (veal with mushrooms), chips and salad
Zigeunerschnitzel mit Pommes Frites u. Salat / Gypsy steak (veal with paprika, onions, tomatoes), chips and salad
Huhn auf Reis mit Spargel / Chicken with rice and asparagus
Königsberger Klopse mit Kapernsoße / Meatballs with caper sauce
Rheinischer Topfkuchen / Mixed vegetables and meat baked in the oven
Goulasch, Püree und Salat / Stew, mashed potato and salad
Filetsteak, Kräuterbutter, Pommes Frites und Salat / Filet steak, herbed butter, chips and salad

FÜR DEN KLEINEN APPETIT
2 Frikadellen mit Brot / 2 beefburgers with bread
2 Linsenfrikadellen mit Salzkartoffeln und grünen Bohnen / 2 lentilburgers with boiled potatoes and green beans
Bockwurst mit Kartoffelsalat / Boiled sausage with potato salad
Bratwurst mit Pommes Frites / Grilled sausage with chips
3 Spiegeleier mit Röstkartoffeln / 3 fried eggs with roast potatoes
Rühreier mit Schinken, Röstkartoffeln u. Salat / Scrambled eggs with ham, roast potatoes and salad
Omelette Champignon / Mushroom omelette
Sahne-Hering mit Salzkartoffeln / Pickled herring with boiled potatoes
Matjesfilet mit grünen Bohnen und Salzkartoffeln / White herring filet with beans and boiled potatoes
Gemischte Salatplatte / Mixed salad with sliced meats

NACHSPEISEN
Apfelmus / Apple puree
Weincreme / Winecream
Ananas mit Kirsch / Pineapple with kirsch liqueur
Portion Eis mit Sahne / Ice-cream with whipped cream
Gemischtes Kompott / Fruit salad
Frisches Obst / Fresh fruit

GETRÄNKE
Glas Coca Cola
Glas Fanta
Flasche Apfelsaft
Flasche Mineralwasser
Tasse Kaffee
Glas Tee mit Zitrone
Pils (vom Faß) (0,3l)
Flasche Malzbier (0,3l)
Glas Rheinwein (0,25l)
Glas Moselwein (0,25l)
Glas Rotwein (0,25l)
Flasche Markensekt (0,75l)

Essen und Trinken

A10 Übung 3/4

Übung 3: Restaurants: was? wann? wo? **
Finding out about restaurants

You and your partner are on holiday in Berlin and want to eat out.
You each have adverts from different newspapers.

a) Study your own adverts and note down the details under these headings:

	Restaurant:	Küche:	geöffnet von — bis:	Ruhetag:	wo:
e.g.	Escoffier	französisch	Di.-Sa. 17.00 — bis? Sonn. 10.00 — bis?	Montag	Blissestr. 23

b) Tell your partner all your information and find out about these places: **Meraki, Lucky's, Kalkutta, Spree-Athen, Lützower Lampe, bei Heinrich, St. Petersburg, Glass House.** Note down this information under the same headings as before.
You could begin: *Was kann man im „Meraki" zu essen bekommen?*

Übung 4: Wo essen wir? ***
*Making arrangements to eat out
(6 separate situations)*

Using the information from *Übung 3*, make arrangements to eat out with your partner in each of the following situations. Discuss all the restaurants that might be suitable, choose one and note down the details under these headings:

	Restaurant:	Adresse:	was machen:	wann/wo treffen:
e.g.	Glass House	Spandauer Damm 90	Salat essen Billard spielen	Mo. 21.00 Uhr/ vor dem Restaurant

You could begin: *Wie wär's mit dem „Glass House"?*

1.	Ihr wollt zusammen frühstücken.
2.	Ihr wollt spät abends nach dem Kino zusammen essen. Ihr sucht ein Restaurant mit Unterhaltung.
3.	Ihr wollt zusammen zu Mittag essen. Ihr wollt etwas Leichtes: eine Kleinigkeit oder vielleicht etwas Vegetarisches.
4.	Ihr wollt etwas typisch Deutsches probieren — egal wann!
5.	Ihr wollt etwas Ungewöhnliches probieren — egal was!

6. a)	Choose the restaurant and time which most appeal to you and your partner in reality, bearing in mind the kind of food you like.
6. b)	Now get together with another pair. See if they will join you at the restaurant of your choice, or will you join them?

(You could do this task without doing *Übung 3* first, exchanging the information about the restaurants as the need arises.)

A11

Unterhaltung
Was sagt man?

Asking/saying what tickets cost: (Übung 1/2)

| Was kosten die Karten für | „Hotzenplotz" in der Freilichtbühne? |

| In welcher Platzgruppe? | Was kostet eine Karte (für einen Erwachsenen) | in der ersten Reihe
im Parkett (Seite/Mitte)
im ersten Rang (Seite/Mitte)
im zweiten Rang (Seite/Mitte)
im dritten Rang (Seite/Mitte)
in der Empore? |

| Eine Karte | im Parkett/usw. | kostet X DM. |

| Gibt es | Kinder-/Schüler-/Gruppenermäßigung? |

| Es gibt keine | Kinderermäßigung/usw. | |
| Es gibt eine | | von (jeweils) X DM. |

Booking tickets: (Übung 1/2)
The booking clerk says:

When for:

| Für welchen Tag? |
| Für welche Vorstellung? |

Where:

| Wo möchten Sie sitzen? |

Saying what is available:

| Wir haben | noch X | Plätze im Parkett | frei. |
| | keine | | |
| Das sind Platznummer 1, 2 und 3. |

Saying which seats are best:

| Die Plätze in... sind gut/besser. |
| Ich würde die Plätze in... empfehlen. |

The customer says:

| Ich möchte X Karten in der ersten Reihe, bitte. |
| Haben Sie noch Plätze im Parkett frei, bitte? |

| Für heute abend. |
| Für Dienstag, den 22. |

| Haben Sie noch Plätze | in der ersten Reihe | frei? |
| Was kostet eine Karte | im Parkett | ? |

Saying which tickets you will take:

| Gut, ich nehme die Karten. |
| Gut, ich nehme die Karten im Parkett. |

Asking which seats are best:

| Welche Plätze sind besser? |
| Welche Plätze würden Sie empfehlen? |

Asking/saying what's on: (Übung 3/4)

| Was läuft im Thalia 1? |
| Wo/wann läuft der Film? |

| „Kramer gegen Kramer" läuft im Thalia 1. |
| Der Film läuft vom 10. bis zum 18. Juni/ am Samstagnachmittag. |

Performances:

| Wann beginnt die erste/letzte Vorstellung? | Die erste/letzte Vorstellung beginnt um X Uhr. |
| Wann beginnen die Vorstellungen? | Die Vorstellungen beginnen um... |

Asking/saying what kind of film it is/you like:

| Was für ein Film ist das? | Das ist | ein Krimi/ein Zeichentrickfilm/eine Komödie/
ein Liebesfilm/ein Science-Fiction-Film/
ein Kriegsfilm/ein Gangster-Film/ein Musical. |

| Was für Filme magst du? | Ich mag (keine) Krimis/Zeichentrickfilme/usw. |

Suggesting/agreeing/disagreeing (Übung 3/4): *see also* **Verabredungen** *p. 46*

Unterhaltung

A11
Übung 1/2

Übung 1: Karten reservieren **
Booking theatre tickets
(4 separate situations)
Your partner has a seating plan and price-list for „Der Räuber Hotzenplotz". You want to book tickets for tonight's performance. Get the best tickets available, within the limits indicated in each situation. Note down what you have obtained under the headings:

| wie viele Karten, | Preis, | wo (Parkett usw.), | Reihennummer, | Platznummer. |

You could begin: *Ich möchte zwei Karten für den „Räuber Hotzenplotz", bitte.*

Was		Preiskategorie	Was du ungefähr zahlen möchtest
a.	2 Karten für die Eltern deines Brieffreundes.	1 ?	ca. 80 DM
b.	4 Karten für dich und 3 Bekannte.	2 ?	ca. 130 DM
c.	2 Karten für dich und deinen Schatz.	4 ?	ca. 45 DM
d.	8 Karten für Erwachsene.	1 ?	ca. 300 DM

Preiskategorie	Wo
1	1.-5. Reihe
2	Parkett (6.-14. Reihe)
3	Erster Rang / Zweiter Rang
4	Dritter Rang
5	Empore
6	Stehplätze

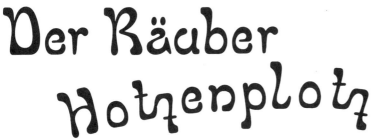

Übung 2: Ausverkauft! ***
Obtaining theatre tickets
(4 separate situations)
Proceed exactly as for *Übung 1*, but this time you may not get exactly what you require. Use your judgement to obtain the best tickets you can afford.

		Preiskategorie	
a.	4 Karten für 2 Kinder und 2 Erwachsene.	1 ?	ca. 120 DM
b.	10 Karten für den Betriebsausflug.	5 ?	ca. 180 DM
c.	10 Karten für eine Schülergruppe.	3 ?˙	ca. 220 DM
d.	2 Karten für deinen (deine) Deutschlehrer(in).	4 ?	ca. 30 DM

A11
Übung 3

Unterhaltung

Übung 3: Was läuft im Kino? **
Finding out what's on at the cinema

You and your partner are planning to go to the cinema. You each have the cinema adverts from a different newspaper.

a) Study your own adverts and note down the details under the following headings:

| Kino, | Filmtitel, | Daten, | erste Vorstellung, | letzte Vorstellung. |

Tell your partner your information and find out details of what's on at the following cinemas:
Hollywood, Klick, Filmkunst 66, N. Yorck, Momo, Kino A.
Note down the information under the same headings.
You could begin: *Was läuft im „Hollywood"?*

b) *(In small groups)*
You now have a complete set of information about what's on at the cinemas. You and your partners want to plan three trips to the cinema — one in June, one in July and one in August. Discuss which three films you would like to see together, taking it in turns to make suggestions. Choose one film for each month.
You could begin: *Ich mag Zeichentrickfilme. Wie wär's mit.....?*

Unterhaltung

A11
Übung 4

Übung 4: Welchen Film wollen wir sehen? ***
Arranging a cinema visit

You and your partner are both staying with penfriends in Frankfurt. You plan to treat your penfriends to a trip to the cinema at the weekend. You each have details of different cinemas. Discuss which films you would like to see, taking into account when you are free, your penfriends' taste in films, your own personal preferences and your age.

Note down arrangements for two films, one on Saturday and one on Sunday, so that you can offer your penfriends a choice. Use the headings:

Kino, Filmtitel, Vorstellung.

You could begin: *Wie wär's mit....*

N.B. Dein Brieffreund, Klaus, mag James Bond und Science-Fiction.
Du bist Sonntagnachmittag nicht frei.

Sommer-film-festival
Täglich wechselnde internationale Film-Bestseller

ab 16 J = freigegeben ab 16 Jahren

Broadway A
21.00
23.30   Tauentzien 8 · Tel. 261 50 74   KINO AM TAUENTZIEN

Samstag 29.6 ab 12 J	Sean Connery als JAMES BOND 007 – MAN LEBT NUR ZWEIMAL
Sonntag 30.6 ab 16 J	Sylvester Stallone als ROCKY III – DAS AUGE DES TIGERS

Broadway C
15.30

Samstag 29.6 ab 16 J	PINK FLOYD THE WALL
Sonntag 30.6 ab 12 J	Roger Moore ist JAMES BOND 007 – OCTOPUSSY

Broadway B
16.00, 18.15

Samstag 29.6 ab 12 J	Sean Connery ist JAMES BOND 007 – DIAMANTENFIEBER
Sonntag 30.6 ab 16 J	Der neue Kultfilm – Tanz & Musik Ein Film von carlos saura CARMEN Musik paco de lucia CONCORDE FILM

Broadway D
21.00, 23.15

Samstag 29.6 ab 16 J	Monty Python's Bibelulk DAS LEBEN DES BRIAN
Sonntag 30.6 ab 12 J	INDIANA JONES – und der Tempel des Todes von Steven Spielberg

A12 Verabredungen
Was sagt man?

Suggesting what to do: (Übung 1-4)

Wie wär's mit	Big Apple?	
	einer Havelrundfahrt?	
Wollen wir vielleicht	ins Kino	gehen?
Möchtest du	auf eine Party	
Hast du Lust, (mit mir)	in die Disko	**zu** gehen?

Asking for suggestions:

Was	wollen wir	machen?
	willst du	
Was schlägst du vor?		

Suggesting a time and place:

| Wie wär's mit | Montag? |
| Sagen wir (so) um | 8 Uhr? |

Asking when/where:

Wann, denn? Wo, denn?	
Wann	wollen wir uns treffen?
Wo	

Accepting an invitation/agreeing:

Okay./Einverstanden./In Ordnung./
Mir ist's recht./Ja, gerne./Das geht./
Das wäre schön./Warum nicht?/
Klasse!/Toll!/Prima!/Dufte! usw.

Declining an invitation/disagreeing:

Ach, nein, lieber nicht, du.
Es tut mir leid, aber...
Das geht leider nicht...
Ich würde gerne mitkommen, aber...

Giving an excuse:

Da bin ich nicht frei.
Ich muß leider arbeiten.
Ich wollte einkaufen gehen.

Suggesting an alternative:

Ich möchte lieber	ins Go-In	gehen.
Ich würde lieber	nächste Woche	
Wollen wir lieber		
Wie wär's mit...		

Asking when someone is free:

Wann bist du/sind Sie frei?		
Bist du	am Montag	frei?
Sind Sie	um 21 Uhr	
Hast du		Zeit?

Saying when someone is free:

| Am Montag bin ich | nicht | frei. |
| | erst um 22 Uhr | |

Asking for/giving information about clubs: (Übung 3)

Was ist	die Jägerhütte?
	Big Apple?
	der Club „Extase"?

Das ist	eine Disko/ein Bierlokal/ein Tanzlokal/
	ein Abendlokal/ein Musikladen/
	ein Jazz-Club/ein Nachtclub/ein Nachtcafé.

| Was kann man dort machen? |

| Man kann | tanzen/essen/Bier trinken/ |
| | Live-Musik hören. |

| Was wird dort angeboten? |

| Es gibt | eine Bar/ein Restaurant/ |
| | „Action and Amusement!" |

Opening times:

Wann ist	der „Prinz Friedrich"	geöffnet?
	die Disko	
	der Club	
	das Café	

Am Montag	von 8 bis 24 Uhr.
Dienstags	von 21 Uhr bis 2 Uhr morgens
Werktags	

| Hat | er/sie/es | einen Ruhetag? |
| | die Disko | |

Nein, er/sie/es ist täglich geöffnet.
Ja, am Montag.
Ja, Montag ist Ruhetag.
Ja, montags ist die Disko geschlossen.

Verabredungen

A12
Übung 1/2

Übung 1: Wahre Liebe? **
Inviting, accepting, declining, arranging meetings

You and your partner have just met. You really like each other and you want to see your partner as often as possible. You have already planned your evenings' entertainment for next week. Invite your partner to join you on each of next week's outings. If (s)he agrees, decide on a time. If (s)he is not free, try to rearrange the outings for the following week. Note down your arrangements under the headings:

| wann, | was. |

You could begin: *Ich gehe nächste Woche ins Kino. Hast du Lust mitzukommen? (Möchten Sie mitkommen?)*

Mein Tagebuch (Abend)

nächste Woche:

Montag 1.7.	Kino
Dienstag 2.7.	Disko „21"
Mittwoch 3.7.	Freizeitzentrum
Donnerstag 4.7.	Theater
Freitag 5.7.	Kneipe
Samstag 6.7.	Party
Sonntag 7.7.	Restaurant

übernächste Woche:

Montag 8.7.	frei
Dienstag 9.7.	Jugendklub (bis 20.00 Uhr)
Mittwoch 10.7.	frei
Donnerstag 11.7.	Onkel Helmut besuchen (bis 21.00 Uhr)
Freitag 12.7.	frei
Samstag 13.7.	frei
Sonntag 14.7.	Musiksendung im Fernsehen

Übung 2: Wann wollen wir uns treffen? ***
Arranging a meeting

a) You and your partner are both on holiday next week. You want to play badminton together (*Federball/Badminton spielen*), but you are both very busy. Look at your diary and discuss when you might meet. Suggest suitable times yourself and if you can't make a time your partner suggests, decline politely, giving your reasons. If you have problems, maybe one of you could change a prior arrangement? Note down the time you have decided on.

You could begin: *Wann wollen wir Federball spielen? Hast du Montagvormittag Zeit?*

	Vormittag	Nachmittag	Abend
Montag		Zahnarzt!!!	schwimmen gehen
Dienstag		mit Susanne einkaufen gehen!!!	Aerobicstunde!!
Mittwoch		2.00 - bis ? Freizeitzentrum-Tennis mit Anna	Disko „21" mit der Clique!!!
Donnerstag	Kleidung von der Reinigung abholen		Lieblingsprogramm im Fernsehen
Freitag		Bücher zur Stadtbücherei zurückbringen	20.00 Uhr Gitarrenunterricht
Samstag	Karin in der Kaffeebar treffen		
Sonntag	Hausaufgaben für Montag - sehr wichtig!!!	Tante Lise besuchen	

!!! sehr wichtig: You don't want to change these arrangements.
!! wichtig: You would prefer not to change these arrangements.

b) You'd like to see as much as possible of each other. Discuss your diaries and see how many outings you can arrange together. (Perhaps one of you could rearrange less important outings? Or maybe you could go on the more interesting pre-arranged outings together?) Note down what you decide under the headings:

| wann, | was. |

47

A12 Übung 3 — Verabredungen

Übung 3: Wohin heute abend?**
Planning an evening out

You and your partner are planning an evening out in Berlin. You have found the adverts below in the magazine *Berlin Programm*. Your partner also has a page of adverts.

a) Study your adverts and note down the details under the headings:

Name des Lokals	was es ist	geöffnet von—bis	Ruhetag	angeboten
e.g. Jägerhütte	Bierlokal	10.00-24.00 Uhr	Montag	Bier, Schnaps usw.

> N.B. 24-hour times are usually used in adverts.

Tell your partner what you have discovered. Find out from your partner about these places:
die Eierschale, Berliner Liedermacher, New Orleans, Go-In, Ballhaus Spandau.
You could begin: *Was ist „die Eierschale"?*

b) When you have exchanged all the information, decide between you where you would like to go on Sunday night. Note down where you are going and when.

Verabredungen

A12
Übung 4

Übung 4: Einen Tag in Berlin ***
Arranging a day's activities

You and your partner are visiting Berlin. Tomorrow (Friday) is your last day, so you want to pack in as much as possible. Study the adverts below (you both have the same) and note down a rough timetable of outings that appeal to you. Suggest your choices to your partner and listen to his/her suggestions. Discuss the alternatives, checking starting times, opening hours etc. When you have agreed on a compromise programme for the day, note down your joint plans under the headings:

| von — bis, was. |

You could begin: *Wollen wir vielleicht......?*

Havelseenrundfahrt

Reederei Bruno Winkler
Levetzowstr. 16 • 1000 Berlin 21
Tel. (030) 3 91 70 10 + 3 91 46 93

10.00 Uhr ab Tegel
MS »VATERLAND« (600 Plätze) zur Pfaueninsel; Abf.: täglich (Brücke 3), Dauer: 4 Std., Unterbrechung möglich, Fahrpreis: DM 9,-

11.00 · 11.55 · 14.30 · 15.15 Uhr ab Tegel
2-std. Oberhavelseen-Rundfahrten MS »PRÄSIDENT«, »VATERLAND« und »DEUTSCHLAND« Fahrpreis: DM 5,-

13.10 und 14.00 Uhr ab Tegel
MS »HANSEATIC« (700 Plätze) und MS »PRÄSIDENT« (600 Plätze) nach Wannsee, Pfaueninsel u. zurück; Abf.: täglich (Brücke 3), Dauer: 4,5 Std., Fahrpreis: DM 10,-/einfach DM 6,-

14.45 Uhr, jeden Sonnabend ab Tegel
MS »HANSEATIC« 2 1/4 Std. Kaffeefahrt auf der Oberhavel mit Musik u. Tanz; Fahrpreis: DM 6,-/inclusive Kaffeegedeck DM 11,-

15.15 und 15.50 Uhr ab Wannsee
(Brücke D) nach Pfaueninsel und Tegel Dauer: 2,5 Std., Fahrpreis: DM 6,-

20.00 Uhr ab Tegel Mondschein-Tanz-Party
jeden Freitag u. Sonnabend ab 10.5., MS »PRÄSIDENT«; Ende: 24.00 Uhr Fahrpreis: DM 16,-/freitags für Gruppen DM 10,80
Für dufte Stimmung sorgen freitags ein Disc-Jockey, sonnabends eine Band.

20.15 Uhr ab Charlottenburg
Schloßbrücke (Charlottenburger Ufer) jeden Sonnabend ab 18.5., MS »HANSEATIC«; Ende: 24.00 Uhr Fahrpreis: DM 16,-
Es spielt eine Band zum Tanz.

Restauration und Mittagstisch auf allen Schiffen.

Voranmeldung von Gruppen erbeten. Wir vermieten unsere Schiffe an Gruppen und Gesellschaften von 50 bis 2300 Personen.

DAS JAHR 2000 hat bei uns begonnen. Noch mehr Spaß beim BOWLING: Unsere Computer rechnen und schreiben für SIE!

BOWLING am KUDAMM
Montag bis Freitag von 10.30–18.30 Uhr
Sonnabend von 10.30–14.00 Uhr

MUSEUM Haus am Checkpoint Charlie
Laufend Filmvorführungen · Cafeteria
Täglich, auch sonntags, 9 bis 22 Uhr
1000 Berlin 61   U-Bhf. Kochstr.   ☎ 251 45 69
Friedrichstr. 44   Bus 29   251 69 02

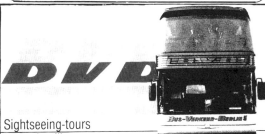

Sightseeing-tours
tours de ville

täglich · daily
Gegenüber Café Kranzler
Ku'damm-ECK START
Joachimstaler Straße/Ecke Kurfürstendamm

West-Berlin-Tour
11.00 · 13.30 · 16.00 / ca. 2 Std.   **19,—**

Große West-Berlin-Tour
10.00 · 14.30 / ca. 3 Std.   **27,—**

Ost-Berlin · East-Berlin
10.00 ohne / 14.00 mit Pergamon-Museum
ca. 3 1/2 Std. - 4 Std.
14.00 with Pergamon-Museum, 4 hrs.   **28,—***

Große Kombi-Tour   *Sparpreis Special Rate*
1 West- und 1 Ost-/East-Berlin-Tour *
wahlweise auch an 2 Tagen / optional on 2 days   **45,—***

Lichterfahrt - Illumination Tour   **74,—**
Fr. 21.00
4 Std. mit Imbiss und 1 Nachtclub/with snack and 1 nightclub

* DDR-Führungsgebühr / special guidance fee GDR DM 11,-/DM 13,- mit Museum

---

10³⁰ 12⁰⁰ 13³⁰ 15⁰⁰ 16³⁰ 18⁰⁰ 19³⁰ 21⁰⁰

Story einer großen Stadt
MULTIVISION Berlin

Ein überwältigendes Erlebnis in der supermodernen MULTIVISIONS-Technik. 39 computergesteuerte Projektoren zeichnen auf einer 21-Meter-Panorama-Leinwand das Bild einer ungewöhnlichen Stadt und ihrer Menschen.

MULTIVISION BERLIN Europa-Center
1. Obergeschoß (neben Tiffany's)
Simultan: english, french, spanish

Berliner Flohmarkt, auf dem U-Bhf. Nollendorfplatz. In 16 alten U-Bahnwagen aus dem Jahre 1920 und auf den Bahnsteigen haben Antiquitätenhändler und Trödler ihre Verkaufsstände aufgebaut. Täglich außer Dienstag von 11–19.30 Uhr geöffnet. Siehe auch Anzeige.

49

A13 Wohnen
Was sagt man?

Asking where things are: (Übung 1-4)

Wo ist der/die/das...?	Was ist in dem/der...?
Wo liegt der/die/das...?	Wo sollte der/die/das...sein?
Wo finde ich den/die/das...?	

Saying where things are: (Übung 1-4)

Auf der rechten/linken Seite	ist der...
Am Ende des Flurs	die...
Im Wohnzimmer/Eßzimmer/...	das...
Im Obergeschoß/Untergeschoß	
Rechts/links von dem/der...	
Gegenüber/neben/vor/hinter/	
unter/über/auf/in dem/der...	

| Die Wohnung | liegt | X Minuten vom Ortszentrum entfernt. |
Das Haus		in der Nähe von der Skischule.
Der Parkplatz	ist	direkt am Haus.
Das Schwimmbad		im Haus.

Asking about contents: (Übung 1-4)

Hat die Wohnung/das Haus einen/eine/ein...?
Habt ihr/hast du/haben Sie einen/eine/ein...?
Gibt es einen/eine/ein...?
Wie viele Betten hat das Haus/die Wohnung?

Describing contents: (Übung 1-4)

Das Haus/die Wohnung hat...
Wir haben...

Saying a flat is (not) ideal: (Übung 4)

Die Wohnung ist (nicht) ideal, weil...

Rooms: (Übung 1)

der	Hobbyraum, Keller.
die	Küche, Toilette, Dusche, Garage, Treppe.
das	Wohn-/Eß-/Arbeits-/Schlaf-/Badezimmer.

Household items: (Übung 2)

der	Kaffee, Tee, Zucker, Pfeffer, Abfalleimer, Staubsauger, Herd, Schrank, Kühlschrank, Trockenautomat.
die	Kaffeekanne, Teekanne, Kaffeemühle, Schublade, Tiefkühltruhe, Waschmaschine, Geschirrspülmaschine.
das	Salz, Geschirr, Besteck, Spülbecken.
die	Geschirrtücher, Handtücher, Kochbücher, Reinigungsmittel, Gewürze, Dosen, Teller, Schüsseln, Gläser, Töpfe.

Furniture: (Übung 3/4)

der	Fernseher, Videorekorder, Kassettenrekorder, Plattenspieler, Computer, Teppich, Kleiderschrank, Nachttisch, Lehnstuhl, Stuhl, Schreibtisch, Wecker.
die	Steh-/Nachttisch-/Arbeitslampe, Pflanze.
das	Kinder-/Ehe-/Etagen-/Klappbett, Radio, Bücherregal, Telefon.
die	Kassetten, Platten, Computerspiele.

Features: (Übung 4)

der	Parkplatz, Spielplatz, Strom.
die	Zentralheizung, Bettwäsche, Sauna, Liegewiese.
das	Solarium, Frei-/Hallenbad.

Wohnen

A13
Übung 1

Übung 1: Wohnungsaustausch *
Describing the layout of a house/flat

a) You and your partner are exchanging homes for three weeks in the Summer.
Your partner is German and owns a flat *(Eigentumswohnung)*. You live in a four-bedroom detached house *(Einfamilienhaus)* pictured below. Your partner 'phones from Germany and asks you to describe the layout of your home. Describe the layout in sufficient detail to enable your partner to make a sketch.
You could begin: *Das Erdgeschoß hat vier Zimmer und einen Flur...*

Das Einfamilienhaus

Das Erdgeschoß

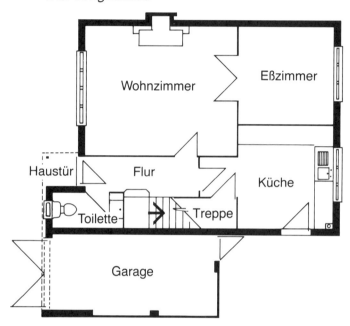

Das Obergeschoß

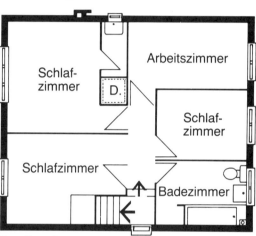

D. = Dusche

b) You want your partner to describe the layout of his/her home. To help you make a sketch, the outline of the flat and the cellar is given below. Write down the room numbers and, next to them, the names of the rooms.
You could begin: *Kannst du bitte deine Wohnung beschreiben?*

Die Wohnung

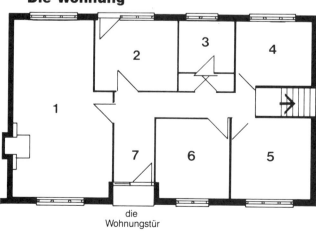

Der Keller

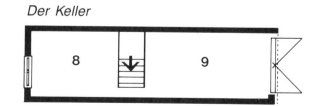

Follow-up work
Draw an outline plan of your own home. Describe the outline in sufficient detail for your partner or the rest of the class to make a sketch.

51

A13 Übung 2

Wohnen

Übung 2: Die Küche **
Describing the layout of the kitchen

You and your partner are exchanging homes and have agreed that each of you may use the other's kitchen utensils and basic food items. You are a keen cook and want a detailed description of the kitchen. Below is a sketch of your partner's kitchen, and a list of all the items you want to enquire about. Find out where everything is and number each item appropriately.

You could begin: *Wo finde ich...?*

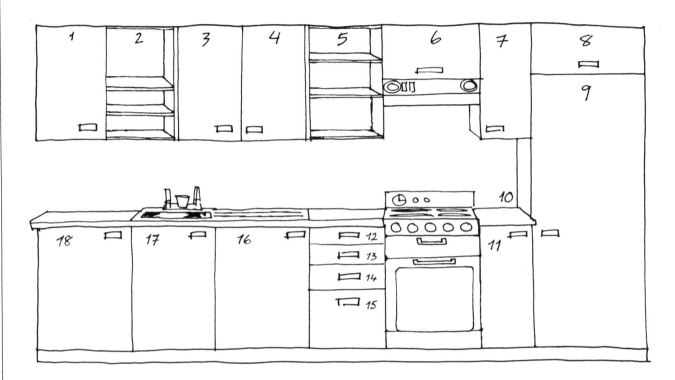

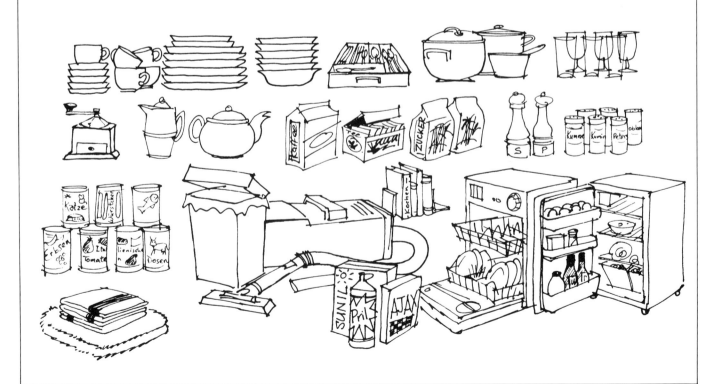

52

Wohnen

A13
Übung 3

Übung 3: Das Schlafzimmer ***
Comparing two versions of the same room

You and your partner are exchanging homes for three weeks and have just arrived at each other's homes. You had described your room to your partner in some detail. Your partner 'phones to say the room doesn't look quite as (s)he expected and that (s)he suspects that someone, perhaps a burglar, has moved things around.

Compare the layout of your room as you left it (pictured below) with your partner's description. (Imagine you are standing at the door facing into the room.) Note down any differences you discover. Try to draw the room as your partner describes it and compare it with his/her plan.
You could begin: *Also, mitten im Zimmer ist...*

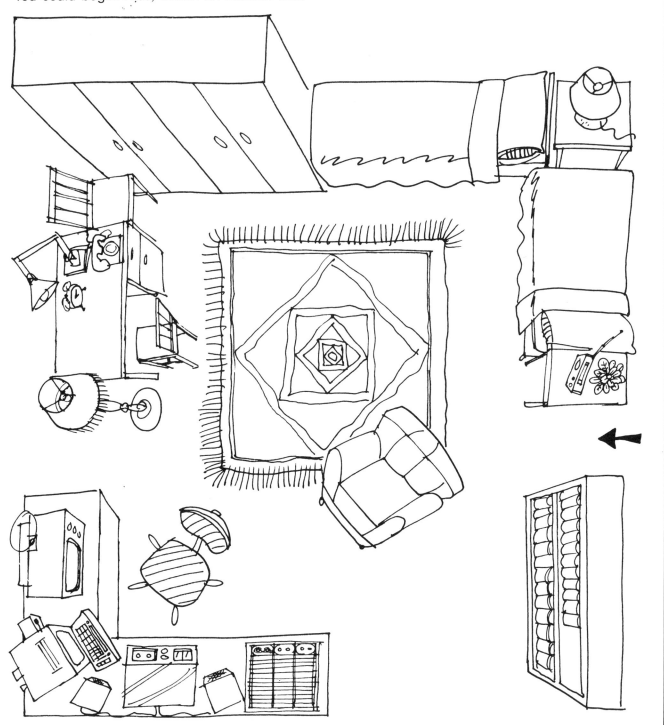

A13 Übung 4 — Wohnen

Übung 4: Ferienwohnungen in Oberstdorf ***
Choosing a holiday flat

You want to rent a holiday flat in Oberstdorf, a Summer holiday and Winter ski-resort in Bavaria. You have seen the adverts below in a brochure but not enough detail is given. Your partner has all the details. Ask questions (beds? bedrooms? living-room? kitchen? bathroom? TV? swimming-pool? playground? heating? parking? where? etc.) to enable you to decide which flat would be the **best** for one (or each) of the following:

- **a)** 2 adults, 3 small children, no car, for a Summer holiday.
- **b)** 2 adults, with car, for a Winter ski-ing holiday.
- **c)** Yourself and your immediate family/friends.

Be prepared to defend your decisions!
Note down details of the flats you select under the headings:

	Name	Betten	Zimmer	Sonstiges	wo
e.g. a)	Haus Margret.	5.	2 Schlafzimmer, sep. Wohnzimmer, Küche, Bad, WC.	Fernseher, Parkplatz, Heizung.	20 Minuten Zentrum.

You could begin: *Wie viele Betten hat das „Haus Annabel"?*

Ferienwohnungen zu vermieten

1. **Haus Annabel**

Ferienhaus zu vermieten.
Miete: 1,200 DM pro Woche.

2. **Ferienheim Fellbach**

Ferienwohnung zu vermieten.
Miete: 800 DM pro Woche.

3. **Haus Alexia**

Ferienwohnung: 950 DM pro Woche.

4. **Haus „am Fellhorn"**

Ferienwohnung: 1,200 DM pro Woche.

5. **Haus Harzheim**

Ferienwohnung: 600 DM pro Woche.

6. **Fremdenheim Viktoria**

Ferienwohnung: 980 DM pro Woche.

Urlaub (1)
Was sagt man?

A14

Asking what there is to do in a resort: (Übung 1-4)

| Was kann man in Travemünde machen? |
| Was gibt es in Westerland zu tun? |
| Kann man in Santa Rosita segeln? |

Saying what there is to do:

In Travemünde kann man segeln.	
Travemünde hat	viel Nachtleben.
In Travemünde gibt es	schöne Strände.

Asking if/saying a resort is suitable: (Übung 2-4)

Ist Travemünde	für	sie/mich/dich	geeignet?
Travemünde ist		Wassersportler Teenager ältere Leute	geeignet, (denn es gibt...)

Future plans — saying what you would like/want to do:

Ich möchte	die Sehenswürdigkeiten	besichtigen.
Wir möchten	Windsurfing	lernen.
Ich will	viel Nachtleben	haben.
Wir wollen		brettsurfen.

Reporting what the travel agent said: (Übung 3)

| Der Reisebüroangestellte sagt, daß es viel Nachtleben gibt. |
| Es soll viel Nachtleben geben. |
| Gibt es viel Nachtleben? |

Asking if it's true: *Saying it is/isn't true:*

Stimmt das?	Das stimmt (nicht).
Ist das wahr?	

Enquiring about your partner's plans: (Übung 4a)

| Wohin willst du fahren? |
| Für wie lange? |
| Was willst du dort machen? |
| Was hast du dort vor? |

Describing your plans:

Ich möchte	für 2 Tage	nach Instett fahren.
Ich will		

Giving reasons: (Übung 4b)

Ich interessiere mich (nicht) für Wassersport.	
Wassersport	interessiert mich (nicht).
Das	ist uninteressant für mich.

Suggesting alternatives:

| Wie wär's mit Instett? |
| Wollen wir nach Flußstadt fahren? |

Coming to an agreement:

In Ordnung,	fahren wir nach	Westseebad.
Okay,		Seebucht.
Einverstanden,		
Schon gut,		

Agreeing and disagreeing: see also **Eintopf** *p. 64*

55

A14 Übung 1 — Urlaub (1)

Übung 1: Was gibt's in Travemünde zu tun? *
Finding out what facilities a resort has to offer

a) Later this year you are hoping to go on holiday with three friends to one of the North German seaside resorts listed below. Your partner knows the area well. Find out what there is to do and see in the resorts and note down the information you have obtained under the headings:

  wo,   was.

Use symbols as in b) below. You may refer to the key on p. 59.
You could begin: *Sag mal, was gibt es in Travemünde zu tun?*

1. **Travemünde**
2. **Satrup**
3. **Hasselberg**
4. **Weidefeld**
5. **Grünholz**
6. **Nienhof**

b) Your partner's family are planning a holiday on Lake Constance *(der Bodensee)*. You went there last year. Tell him/her all about the towns listed below.
You could begin: *In Konstanz kann man die Sehenswürdigkeiten besichtigen.*

1. **Konstanz**

4. **Litzelstetten**

2. **Bregenz**

5. **die Insel Mainau**

3. **Überlingen**

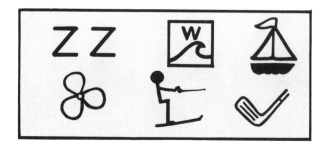

6. **Meersburg**

Urlaub (1)

A14 *Übung 2*

Übung 2: Der ideale Urlaub? **
Selecting a holiday resort

You and your friends are unable to come to an agreement about this year's holiday destination. You go to the travel agent's for advice. Your partner will play the travel agent.
Tell your partner what each person would like to do and ask him/her to recommend a suitable resort/resorts for each individual. Note down the details of any resorts recommended under the headings:

| wer, wo, was. |

Find out if any resort(s) would suit all four of you.
You could begin: *Meine Freundin Anna möchte viel Nachtleben haben. Wo können Sie empfehlen?*

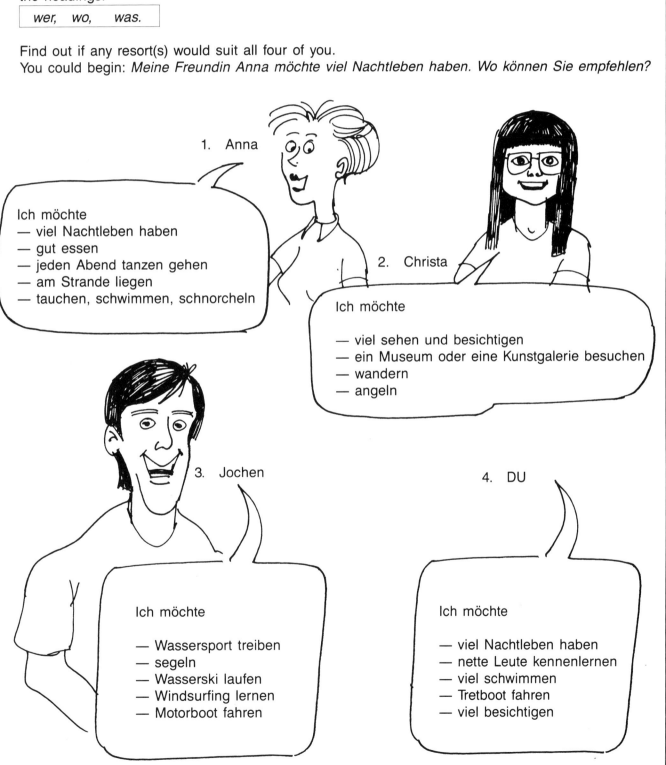

1. Anna

Ich möchte
— viel Nachtleben haben
— gut essen
— jeden Abend tanzen gehen
— am Strande liegen
— tauchen, schwimmen, schnorcheln

2. Christa

Ich möchte
— viel sehen und besichtigen
— ein Museum oder eine Kunstgalerie besuchen
— wandern
— angeln

3. Jochen

Ich möchte
— Wassersport treiben
— segeln
— Wasserski laufen
— Windsurfing lernen
— Motorboot fahren

4. DU

Ich möchte
— viel Nachtleben haben
— nette Leute kennenlernen
— viel schwimmen
— Tretboot fahren
— viel besichtigen

A14 Übung 3 — Urlaub (1)

Übung 3: Wer sagt die Wahrheit? ***
Comparing descriptions of a holiday resort

You went to a travel agent's and found out details of the six holiday resorts listed below. Your partner has already been to these six places. Choose the resort that most appeals to you. Tell your partner what the travel agent said. Find out if the details are true. Do you still want to go to the resort you chose? If not, choose another and begin again!

You could begin: *Der Reisebüroangestellte sagt, daß Santa Rosita wunderschöne Strände hat. Stimmt das?*

1. **Santa Rosita**
   * wunderschöne Strände
   * Strandkörbe
   * schöne Aussichten
   * alles für Wassersportler
   * ruhig und erholsam
   * gutes Wetter

2. **Arosa**
   * wunderschöne Strände
   * viel Nachtleben
   * viele Sportmöglichkeiten
   * gute Hotels
   * alles für junge Leute

3. **Karritas**
   * schöne Stadt
   * wunderschöne Strände
   * Windsurfing, Brettsurfing, Wasserski
   * viel Nachtleben
   * gute Restaurants

4. **Orotava**
   * wunderschöne Strände
   * schöne Aussichten
   * schöne Wanderwege
   * alles für Kinder
   * Motorboote, Segelboote, Tretboote
   * viel zu tun

5. **Planschel**
   * viele gute Restaurants, Bars, und Diskos
   * alles für Wassersportler
   * alles für junge Leute
   * gute billige Hotels
   * tolles Wetter

6. **Castellana**
   * wunderschöne Strände
   * viele Sehenswürdigkeiten
   * viele Sportmöglichkeiten
   * gute Restaurants, Bars und Diskos
   * gute, preiswerte Hotels

Urlaub (1)

A14
Übung 4

Übung 4: Die Insel Aleria ★★★
Planning a holiday

a) You decide to go on holiday alone to the island of Aleria. You are Karl/Jutta Primm. Below is a description of your interests. Taking this into account, plan a ten-day, three-centre holiday for yourself on the island. Note down your plans under the headings:

> wohin,   wie lange,   Pläne.

At the last minute you find out that your friend, Susi/Rudi Kraftwerk (your partner), is going to the same island on holiday. Tell him/her your plans and find out what (s)he has planned. Note down details under the same headings.
You could begin: *Zuerst möchte ich...*

> *Du Bist Karl/Jutta Primm: Du bist ziemlich schüchtern. Du magst keinen Touristenrummel. Du willst dich im Urlaub erholen. Du wanderst gerne und du gehst gern angeln. Du möchtest die Sehenswürdigkeiten besichtigen. Auch Museen und Kunstgalerien interessieren dich. Du bist kein(e) Sportler(in), obwohl du gerne schwimmen gehst.*

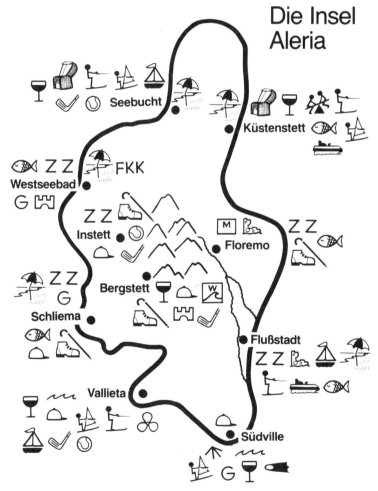

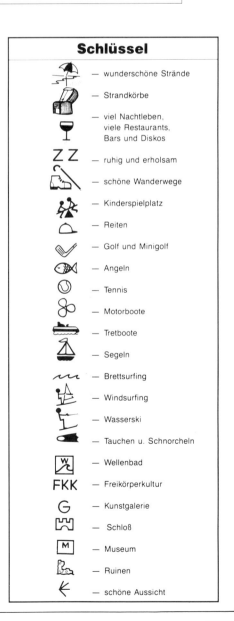

b) When you have exchanged holiday plans, see if you can arrive at a suitable compromise holiday, so that you and your partner can go together.

c) Now plan a holiday on Aleria according to your real tastes and interests. Discuss your plans with your partner.

59

A15 — Urlaub (2)
Was sagt man?

Asking about a holiday: (Übung 1-3)

Where to:

Wohin	bist du / sind Sie	gefahren?

How:

Wie	bist du / sind Sie	gefahren?

Where:

Wo	hast du / haben Sie	übernachtet? / geschlafen?

When:

Wann	bist du / sind Sie	nach Konstanz gefahren?

How long for:

Für wie lange?		
Wie lange	hast du / haben Sie	dort verbracht?
	warst du / waren Sie	dort?

What:

Was	hast du / haben Sie	dort / in München	gemacht? / gesehen? / besichtigt?

Describing your holiday: (Übung 1-3)

When, how, where:

Ich bin	im Mai / mit dem Auto / nach München	gefahren.

How long:

Ich war	2 Wochen	dort.

Ich habe	10 Tage	dort	verbracht.

Accommodation:

Ich habe	in einem Hotel / auf einem Campingplatz / in der Jugendherberge / auf einem Bauernhof	geschlafen. / übernachtet.

What you did:

Ich habe / Wir haben	Spaziergänge/Ausflüge	gemacht.
	das Museum / die Nachtlokale	besucht.
	das Schloß / die Sehenswürdigkeiten	besichtigt.
	Golf/Minigolf/Tennis	gespielt.
	nette Leute / einen Franzosen	kennengelernt.
	in der Sonne / am Strand	gelegen.
Ich bin / Wir sind	Wasserski	gelaufen.
	Segelboot	gefahren.
	ins Schwimmbad	gegangen.
	im Meer	geschwommen.

Agreeing and disagreeing (Übung 3): see also **Eintopf** p. 64.

Urlaub (2)

A15
Übung 1

Übung 1: Mein Urlaub **
Describing past holidays
(3 separate situations)

For the last three years, you and your partner have spent your holidays in German-speaking countries. Find out what your partner did last year (or the last three years). Tell your partner about your holidays. Note down details of your partner's holidays under the same headings as below. You could begin: *Wohin bist du letztes Jahr gefahren?*

wann	April letztes Jahr	August vor 2 Jahren	Juni vor 3 Jahren
wohin	BRD, Konstanz	Travemünde, BRD	Salzburg, Österreich
wie	Bus	Flugzeug	Schiff/Zug
wie lange	3 Wochen	1 Woche	10 Tage
Unterkunft	Zelt/Campingplatz	Pension	Bauernhof
gemacht	(Symbole)	(Symbole)	(Symbole)

Schlüssel

Ich habe....
- das Schloß/die Sehenswürdigkeiten besichtigt
- das Museum besucht
- die Nachtlokale (Diskos usw.) besucht
- Spaziergänge gemacht
- nette Leute kennengelernt
- in der Sonne gelegen
- Golf/Minigolf gespielt
- Tennis gespielt

Ich bin...
- Wasserski gelaufen
- Segelboot gefahren
- ins Schwimmbad gegangen
- im Meer geschwommen

A15 Übung 2
Urlaub (2)

Übung 2: Die Romantische Straße * * *
Describing a holiday in detail
You and your partner have recently returned from holidays on the 'Romantic Road' in the FRG. Tell your partner all about your holiday. You may enlarge on the detail given below. Find out all about your partner's holiday and make brief notes using the names of the towns (s)he visited as headings.
You could begin: *Ich habe drei Städte an der Romantischen Straße besucht. Zuerst bin ich nach...*

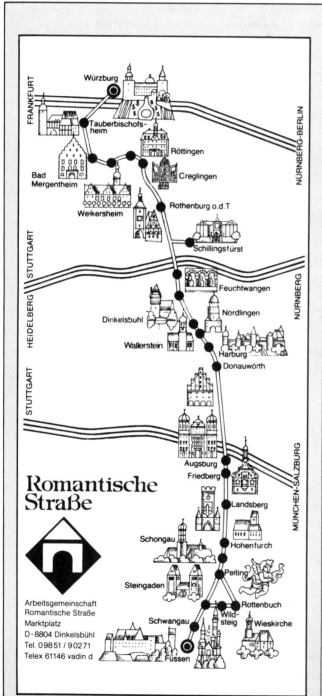

1) 3. Juli/Flugzeug/nach

München

— 4 Nächte/Hotel zum Bahnhof
— Ausflüge gemacht...
— nach Oberammergau
— nach Füssen
  (Besichtigung mit Führung der Königsschlösser Neuschwanstein u. Hohenschwangau)
— Bayerische Spezialitäten probiert

2) 7. 7./Bus/nach

Dinkelsbühl

— 3 Nächte/Jugendherberge
— netten Deutschen/nette Deutsche kennengelernt; verliebt
— Stadtbesichtigung mit neuem Freund/ neuer Freundin
— Jugendklub am Abend

3) 10. 7./per Anhalter/mit Freund(in)/nach

Würzburg

— Besuch der Weinberge im Maintal
— romantische Spaziergänge am Mainufer

4) 12. 7./Flugzeug/20.00 Uhr

nach Hause

62

Urlaub (2)

A15
Übung 3

Übung 3: Die spinnen, die Deutschen! ***
Comparing two versions of a story
You have just been talking to your friend Andrea. She has been telling you about a wonderful holiday she recently spent on the island of Sylt. Unfortunately Andrea does not always tell the truth. A mutual friend (your partner) went on holiday with Andrea. Tell your partner what Andrea said. Find out if it is all true. Make a note of which statements are true and which are lies, then note down the truth.
You could begin: *Andrea sagte, sie ist nach Sylt gefahren. Stimmt das?*

Andrea sagte:

A16

Eintopf
Was sagt man?

Describing the sequence of events: (Übung 1)

Zuerst/Zunächst Dann Danach Von X bis Y Uhr Morgens/Am Morgen Abends/Am Abend	bereitet er/sie/bereiten sie	das Essen	vor.
	kocht er/sie kochen sie	das Mittagessen. das Abendessen.	
	spült er/sie/spülen sie	das Geschirr	ab.
	putzt er/sie putzen sie	das Haus. ihre Zimmer.	
	geht er/sie gehen sie	Schlittschuh laufen. einkaufen. zu seiner/ihrer Aerobicgruppe. zu seiner/ihrer Englischstunde. zu seiner/ihrer Tanzstunde. kegeln. ins Kino.	
	sieht er/sie/sehen sie	fern.	
	hört er/sie/hören sie	Musik/Radio.	
	spielt er/sie	Golf.	
	besucht er/sie besuchen sie	seine/ihre Mutti. ihre Oma.	
	arbeitet er/sie	im Garten.	
	schreibt er/sie	Briefe für Amnestie International.	
	treffen sie	ihre Freunde in der Kaffeebar.	

Expressing an opinion about the sequence of events:

Das	kommt machen sie	wohl bestimmt bestimmt nicht	zuerst danach abends morgens	,oder?

Saying you agree:

Ich bin damit einverstanden.
Der Meinung bin ich auch.
Das glaube ich schon/auch.
Das finde ich auch.

or disagree: (Übung 2/3/4)

Ich bin (ganz und gar) nicht damit einverstanden.
Der Meinung bin ich nicht.
Das glaube ich nicht.
Das finde ich nicht.

Saying something is true:

Das stimmt.
Das ist wahr.

or not true:

Das stimmt nicht.
Das ist nicht wahr.

(not so polite:)

Unsinn! Quatsch! Du spinnst!

Saying it depends:

Es kommt darauf an.
Es hängt davon ab, ob...
Einerseits..., andererseits...

Expressing an opinion:

Ich finde, daß...
Ich glaube, daß...
Meiner Meinung nach...

Asking about someone's life-story: (Übung 4)

Wann (usw.)	ist er/sie geboren/gestorben/getrampt? ist er/sie nach... gefahren/in... gewesen? hat er/sie geheiratet/...gemacht/...verloren/...geführt/...geschrieben?
Was macht er/sie heute?	

Eintopf

A16
Übung 1

Übung 1: Die Familie Dingsbums **
Talking about a sequence of events
(3 separate situations)
The pictures below show a typical Saturday in the lives of the Dingsbums family.

a) You have the correct order for this sequence. Tell your partner the story so (s)he can put his/her pictures in the correct order.
   You could begin: *Nach dem Frühstück...*

Frau Dingsbums:

b) Your order for this sequence is incorrect. Find out from your partner the correct order and note it down.
   You could begin: *Was macht Herr Dingsbums...?*

Herr Dingsbums:

c) In this sequence you have half the pictures and your partner has the other half. Work out the order of events between you.
   You could begin: *Zwischen 9.00 und 10.00 Uhr...*

Die Zwillinge, Jochen und Jutta:

Follow-up work
Write an eight-point description of your typical Saturday. Try to choose events whose order is not obvious to someone else. Read your list of events in the wrong order to your partner or class. See if they can work out the correct order.

A16
Übung 2/3

Eintopf

Übung 2: Meinungsumfrage: Schule **
Expressing opinions about school

You and your partner have the same ten statements about schools and schooling. Anna, Peter and their parents have completed a survey of their opinions, but some of the information is missing on your copy.

a) Complete the survey by asking your partner. Tell him/her the opinions marked on your copy.
You could begin: *Man sollte die Schulpflicht abschaffen. Was hält Anna davon?*

	✓ = einverstanden. X = nicht einverstanden.	Anna	Peter	ihre Eltern
1.	Man sollte die Schulpflicht abschaffen.		X	X
2.	Man sollte das schulpflichtige Alter heraufsetzen.	X		
3.	Man sollte das schulpflichtige Alter herabsetzen.	X		X
4.	Schüler und Schülerinnen sollten nur halbtags zur Schule gehen.	✓		
5.	Schüler und Schülerinnen sollten Schuluniform tragen.	X		
6.	Schüler und Schülerinnen sollten jeden Tag Hausaufgaben machen.	X		✓
7.	Wenn man in der Schule fleißig arbeitet, bekommt man später einen besseren Job.	X		✓
8.	Die Schüler sollten Zeugnisse über die Lehrer schreiben.	✓		
9.	Heutzutage gibt es zu wenig Disziplin in der Schule.	X		✓
10.	Ab 16 Jahren sollten alle Schüler und Schülerinnen ein Stipendium vom Staat bekommen.			✓

b) Note down whether **you** agree with each statement or not. Find out your partner's opinions and note them down. Tell your partner what you think, with reasons, if possible.
You could begin: *Man sollte die Schulpflicht abschaffen. Was sagst du dazu?*

Follow-up work
Conduct a survey of the opinions of the rest of your class. Use this as the basis for a discussion.

Übung 3: Meinungsumfrage: Teenager und die Familie ***
Expressing opinions about the family

Your partner has the same statements given below about teenagers and families. Decide to what extent you agree with each statement and note it down (using *a, b, c, d*).

Find out your partner's opinions and note them down. Discuss your reasons if you can. Take it in turns to read out a statement.
You could begin: *Teenager sollten ihr Taschengeld verdienen. Was sagst du dazu?*

Allgemein:
1. Teenager sollten ihr Taschengeld verdienen.
2. Teenager sollten bei der Hausarbeit helfen.
3. Teenager unter 16 Jahren sollten spätestens bis 10 Uhr im Bett sein.
4. Teenager unter 15 Jahren sind zu jung, einen festen Freund/eine feste Freundin zu haben.
5. Teenager sollten ihre Kleidung und ihr Aussehen selbst bestimmen.
6. Heutzutage haben viele Teenager zu viel Freiheit.
7. Heutzutage haben viele Teenager zu viel Geld.
8. Es ist besser, ein einziges Kind zu sein, als Mitglied einer großen Familie.
9. Eltern sollten sich nie vor den Kindern streiten.
10. Mit 18 sollte man von zu Hause weggehen.

Persönlich:
11. Ich kann (konnte) alle meine Probleme mit meinen Eltern besprechen.
12. Ich kann alle meine Probleme mit meinen Freunden besprechen.
13. Meine Eltern erlauben (erlaubten) mir zu wenig Freiheit.
14. Meine Eltern geben (gaben) mir zu wenig Taschengeld.

a = vollkommen einverstanden
b = im großen und ganzen einverstanden
c = es kommt darauf an
d = absolut nicht einverstanden

Follow-up work
With the help of your partner or the rest of the class, make up ten 'controversial statements' on any topic that interests you. Choose statements that are likely to provoke a variety of opinions. Conduct an opinion survey like those above.

Eintopf

A16 Übung 4

Übung 4: Zwei Lebensläufe ***
Talking about the past

The lives of the two intrepid adventurers, Baron Hieronymus von Plink and Gabrielle Kraftwerk, have had certain similarities.

a) Ask your partner questions about Hieronymus' life, as indicated, and make brief notes on the answers (e.g. *geb. Berlin, 1941*).
   You could begin: *Wann wurde Hieronymus von Plink geboren?*

Hieronymus von Plink: Fragen

1. geboren?	(wann/wo?)	6. um die Welt gefahren?	(wann/wie?)
2. geheiratet?	(wann/wen?)	7. eine Expedition geführt?	(wann/wohin?)
3. seine erste Million gemacht?	(wann/wie?)	8. ein Buch geschrieben?	(wann/worüber?)
4. seine zweite Million gemacht?	(wann/wie?)	9. im Gefängnis gewesen?	(wann/warum?)
5. sein ganzes Geld verloren?	(wann/wie?)	10. gestorben?	

b) Below is a pictorial account of Gabrielle's life. Use this to answer your partner's questions about her. Give as much detail as you can.
   You could begin: *Gabrielle Kraftwerk wurde 1961 in Berlin geboren.*

Gabrielle Kraftwerk: ihr Lebenslauf

c) You and your partner want to invite one of these adventurers to talk to your class about his/her life. Discuss with your partner who it should be and why. Put your point of view to the rest of the class.

Follow-up work
From your notes, re-tell Hieronymus' life-story in the correct order, orally or in writing.

Thema 1/2

Dialoge

These dialogues are not a script for the tasks. They give examples of the possible variants of what might be said in circumstances similar to the tasks.

Thema 1 : Personen identifizieren
Übung 1 *(Zwei fremde Teenager)*
A. *Sag mal, wie heißt du eigentlich?*
B. *Anna Schmidt, und du?*
A. *Ich heiße Marie Davis. Woher kommst du, Anna?*
B. *Aus der Schweiz.*
A. *Und wo wohnst du zur Zeit?*
B. *In Wiesbaden, Brunnenstraße 18.*
A. *Wie alt bist du denn?*
B. *Siebzehn.*
A. *Hast du Geschwister?*
B. *Ja, einen Bruder und eine Schwester.*
A. *Hast du Hobbys?*
B. *Na klar. Meine Hobbys sind Sport, Aerobic und Jazz-Dance. Ich höre auch gern Musik und ich spiele gern Gitarre.*

Übung 2 *(Zwei Fremde)*
A. *Ich möchte die Mitgliedschaft beim SSV beantragen.*
B. *Gerne. Wie heißen Sie mit Nachnamen?*
A. *Hatch.*
B. *Und Ihr Vorname, bitte?*
A. *Sally.*
B. *Wann sind Sie geboren?*
A. *Am 12. Juli 1950.*
B. *Und Ihre Staatsangehörigkeit, bitte?*
A. *Ich bin Engländerin.*
B. *Sind Sie verheiratet?*
A. *Nein, ich bin ledig.*
B. *Und was sind Sie von Beruf?*
A. *Ich bin Sozialarbeiterin.*
B. *Darf ich Ihre Adresse wissen, bitte?*
A. *Hauptstraße 2, 5778 Meschede.*
B. *Wie ist Ihre Telefonnummer, bitte?*
A. *0291-4258*
B. *Danke schön. Unterschreiben Sie bitte hier.... So. Hier ist Ihre Mitgliedskarte.*
A. *Danke schön.*

Übung 3 *(Freund und Freundin)*
A. *Wie heißt der Sänger von „Spider Murphy Gang"?*
B. *Er heißt Günther Sigl.*
A. *Wann ist er geboren?*
B. *Am 8. Februar 1947.*
A. *Was ist sein Tierkreiszeichen?*
B. *Er ist ein Wassermann.*
A. *Wo ist er geboren?*
B. *In Schongau, in Bayern.*

A. *Wie groß ist er?*
B. *Er ist 1,80 m groß.*
A. *Welche Farbe hat sein Haar?*
B. *Schwarz.*
A. *Und seine Augen?*
B. *Sie sind dunkelbraun.*
A. *Was war der erste Hit dieser Band?*
B. *„Skandal im Sperrbezirk!"*
A. *Danke schön.*

Thema 2 : Wege beschreiben
Übung 1/2
i) *(Zwei Fremde)*
   A. *Entschuldigen Sie, bitte. Wo ist der Bahnhof?*
   B. *Hier rechts, dann links, dann wieder links.*

ii) *(Zwei Freundinnen)*
   A. *Sag mal, du. Wo ist der Jugendklub?*
   B. *Der Jugendklub? Du gehst hier rechts und der Jugendklub ist auf der rechten Seite.*

iii) *(Zwei Freunde)*
   A. *Kannst du mir sagen, wo die Post ist?*
   B. *Die Post? Du gehst geradeaus, dann links und die Post ist auf der rechten Seite.*

iv) *(Zwei Fremde)*
   A. *Entschuldigen Sie, bitte. Wo ist das Rathaus?*
   B. *Das Rathaus? Moment mal... Sie gehen hier links dann rechts, dann wieder rechts und das Rathaus ist auf der linken Seite.*

Übung 3 *(Zwei Fremde)*
i) A. *Entschuldigen Sie, bitte. Wo kann man hier tanzen gehen?*
   B. *Tanzen? In der Kellerdisko vielleicht. Passen Sie mal auf. Sie gehen hier geradeaus. Sie nehmen die dritte Straße links und die Kellerdisko ist auf der rechten Seite neben dem Jugendklub.*

ii) A. *Gibt es in Grünstadt ein Schwimmbad?*
   B. *Ja, ein Hallenbad und ein Freibad.*
   A. *Wie komme ich am besten zum Hallenbad?*
   B. *Passen Sie mal auf. Sie nehmen die zweite Straße rechts. Sie gehen am Theater vorbei und das Hallenbad ist auf der linken Seite, gegenüber der Bushaltestelle.*
   A. *Vielen Dank.*
   B. *Bitte sehr.*

Thema 3 : Einkaufen
Übung 1 (Freund und Freundin)
a) A. Was kostet Butter bei Massa?
   B. Eine 250g Packung kostet 2,10 DM. Und bei Rewe?
   A. 2,40 DM.
   B. Kondensmilch kostet 90 Pf die Dose bei Massa. Wie ist's mit Rewe?
   A. 85 Pf die Dose. Hör mal, bei Rewe kosten 10 Packungen Tempo-Taschentücher 2,80 DM, 10 Eier kosten 1,69 DM, 5 Kilo Mehl kosten 5,10 DM, 1 Kilo Zucker kostet 2,10 DM, 1 Liter Milch....

b) B. Also, laß mal sehen... ich glaube, Rewe ist im großen und ganzen billiger.
   A. Ja, aber bei Massa sind Butter und Milch billiger und wir brauchen viel Butter und Milch.
   B. Ja, aber...

Übung 2 (Verkäufer und Kundin)
A. Bitte schön?
B. Ich möchte 1 Liter Milch, bitte.
A. Bitte sehr. 1 Liter Milch. Das macht 1,10 DM. Sonst noch etwas?
B. Ja, 5 Kilo Kartoffeln, bitte.
A. Gerne.
B. Was kosten die Kartoffeln, bitte?
A. Mmm... 5 Kilo? Das macht 3,20 DM.
B. Was kosten die Orangen, bitte?
A. 55 Pf das Stück.
B. Gut. Ich nehme 4 Stück, bitte.
A. Haben Sie sonst noch einen Wunsch?
B. Ich hätte gern 500g Butter und das wäre alles.
A. Also... 1 Liter Milch: 1,10 DM... 5 Kilo Kartoffeln: 3,20 DM... 4 Orangen: 2,20 DM... 500g Butter: 4,68 DM... Das macht zusammen 11,18 DM, bitte.
B. Danke schön. Auf Wiedersehen.

Übung 3 (Verkäuferin und Kunde)
A. Was darf es sein?
B. Ich möchte eine Packung Bohnenkaffee, bitte.
A. Gerne. Melitta oder Jacobs?
B. Was kosten sie, bitte?
A. 500g Melitta kostet 10,80 DM und 500g Jacobs Krönung kostet 11,99 DM.
B. Gut, ich nehme den Melitta.
A. Sonst noch etwas?
B. Ja, ich hätte gern eine Tube Zahnpasta.
A. Ja, eine große oder eine kleine Tube?
B. Äh... eine kleine Tube, bitte.
A. Gerne. Die kleine Tube kostet 2,40 DM. Sonst noch einen Wunsch?
B. Ich möchte 1 Packung Fischstäbchen.
A. Es tut mir leid. Fischstäbchen führen wir nicht.
B. Ach so. Haben Sie Fruchtjoghurt?
A. Ja, Himbeer, Erdbeer oder Nuß?
B. Himbeer, bitte.
A. Haben Sie sonst noch einen Wunsch?
B. Nein, danke. Das wär's. Was macht das, bitte?
A. Also... eine Packung Melitta... 10,80 DM... Zahnpasta... 2,40 DM... 1 Fruchtjoghurt... 79 Pf. Das macht zusammen... 13,99 DM, bitte.

Thema 4 : Unterkunft
(A ist Tourist(in); B arbeitet in einem Reisebüro oder einem Hotel)
Übung 1(a)
A. Entschuldigen Sie, bitte. Was kostet ein Einzelzimmer ohne Bad im Hotel Merkur?
B. Im Hotel Merkur? Moment mal... mmm... 40 DM pro Nacht.
A. Und ein Doppelzimmer?
B. 60 DM.
A. Und ein Einzelzimmer mit Bad?
B. Ein Einzelzimmer mit Bad? Mmm... das ist etwas teurer. Das kostet 52 DM pro Nacht.
A. Und ein Doppelzimmer mit Bad?
B. 72 DM pro Nacht.
A. Was kostet ein Einzelzimmer mit Dusche?
B. Mit Dusche? 48 DM pro Nacht.
A. Und ein Doppelzimmer mit Dusche?
B. Das wäre 68 DM pro Nacht.
A. Danke schön.
B. Bitte schön.

Übung 1(b)
A. Sind die Preise im Hotel Merkur inklusive Frühstück?
B. Ja, inklusive Frühstück, Bedienung und Mehrwertsteuer.
A. Gibt es auch Halbpension?
B. Ja, das kostet zusätzlich 20 DM pro Tag.
A. Gibt es auch Vollpension?
B. Nein, leider nicht.
A. Hat das Hotel Zimmer mit Fernseher?
B. Ja, aber nicht alle Zimmer haben einen Fernseher.
A. Hat das Hotel einen Parkplatz?
B. Nein, aber es gibt einen in der Nähe.
A. Hat das Hotel einen Lift?
B. Ja, natürlich.
A. Hat es ein Schwimmbad?
B. Ja.
A. Vielen Dank.
B. Nichts zu danken.

Übung 2
B. Guten Tag. Kann ich Ihnen helfen?
A. Haben Sie ein Einzelzimmer frei?
B. Ja, mit Bad oder mit Dusche?
A. Mit Bad und WC, bitte.
B. Gerne. Für wie lange?
A. Für zwei Nächte. Von heute bis Sonntag.
B. Ja, gerne. Zimmer Nummer 27 ist noch frei.
A. Was kostet das Zimmer?
B. 75 DM inklusive Frühstück, Bedienung und Mehrwertsteuer.
A. Gut, ich nehme es.
B. Auf welchen Namen, bitte?
A. Karl Petersen.

Thema 4/5

Übung 3
- B. Kann ich Ihnen helfen?
- A. Ja, ich möchte ein Doppelzimmer reservieren.
- B. Gerne, mit Bad oder mit Dusche?
- A. Mit Dusche und WC, bitte.
- B. Von wann bis wann?
- A. Für vier Nächte, vom 1. bis zum 5. Mai.
- B. Einen Augenblick, bitte. Oh, es tut mir leid. Zu der Zeit haben wir kein Doppelzimmer mit Dusche frei. Wir haben aber ein schönes Doppelzimmer mit Bad und WC.
- A. Was kostet das Zimmer, bitte?
- B. 95 DM pro Nacht, inklusive Frühstück, Bedienung und Mehrwertsteuer.
- A. Das ist leider etwas zu teuer. Haben Sie ein billigeres Zimmer?
- B. Einen Moment... Ja, wir haben ein Doppelzimmer ohne Bad, Dusche und WC — das kostet 75 DM pro Nacht; und ein Doppelzimmer mit WC — das kostet 80 DM.
- A. Prima ich nehme das Zimmer mit WC.
- B. Gerne. Das ist Zimmer Nummer 25.
- A. Zimmer 25...
- B. Darf ich Ihren Namen wissen, bitte?
- A. Mein Name ist Veicht. V-e-i-c-h-t, Karin...

Thema 5 : Beschreibungen

Übung 1 *(Zwei Freundinnen)*
- A. Also, wie sieht denn Frau Meyer aus? Ist sie groß oder klein?
- B. Sie ist klein und ziemlich dick. Sie hat kurzes, dunkles Haar.
- A. Glattes Haar oder lockiges Haar?
- B. Glattes Haar.
- A. Ist das die Frau mit der großen Nase?
- B. Ja, genau.
- A. Ach ja, ich weiß, wen du meinst, glaube ich.

Übung 2 *(Zwei Freunde)*
- A. Wie heißt der kleine Mann mit dem Vollbart?
- B. Der kleine Mann mit dem Vollbart? Ich bin nicht sicher. Hat er blondes oder dunkles Haar?
- A. Dunkles Haar. Langes, lockiges, dunkles Haar.
- B. Ich glaube du meinst Klaus Peters. Er ist ziemlich jung und gutaussehend.
- A. Ja, das ist er.

Übung 3(a) *(Freund und Freundin)*
- A. Hast du vielleicht Kerstin Liebert kennengelernt?
- B. Ich weiß es nicht mehr. Wie sieht sie denn aus?
- A. Also, Kerstin Liebert ist sehr schön und schlank, sie hat langes, blondes Haar und eine kleine Nase.
- B. Wie alt ist sie?
- A. Ungefähr achtzehn.
- B. Ich weiß nicht. Ich kenne eine schöne blonde Frau, aber sie ist etwas älter, glaube ich. Hat sie einen breiten Mund und lacht viel?
- A. Nein, sie ist eher kühl und hat einen kleinen Mund.
- B. Vielleicht ist es nicht die gleiche Person.

Übung 3(b) *(Freund und Freundin)*
- i) A. Hör mal, hast du zufällig ein Paar Handschuhe bei mir gelassen?
  - B. Ich nicht. Wie sehen die Handschuhe denn aus?
  - A. Sie sind schwarz.
  - B. Aus welchem Stoff?
  - A. Aus Wolle.
  - B. Sind sie gestreift?
  - A. Ja, genau, sie sind weiß gestreift.
  - B. Ach ja, die gehören Kerstin Meyer, glaube ich.

- ii) A. Ich habe auch eine Armbanduhr gefunden. Weißt du zufällig, wem sie gehört?
  - B. Wie sieht die Uhr denn aus?
  - A. Es ist eine Herrenarmbanduhr aus Metall mit einem runden Zifferblatt.
  - B. Welche Marke?
  - A. Omega.
  - B. Mit einem schwarzen Lederarmband?
  - A. Ach, nein, das Armband ist auch aus Metall.
  - B. Ach, weißt du, der Rainer Zimmer hat eine ähnliche Uhr, aber seine Uhr hat ein schwarzes Lederarmband. Ich weiß nicht, wem diese Uhr gehört.

Übung 4 *(Zwei Freunde)*
- A. Hör mal, weißt du zufällig, wem die Einkaufstasche gehört?
- B. Ja, sicher. Sie gehört dem jungen Mann mit dem langen Haar.
- A. Hat er langes blondes Haar?
- B. Ja, und er trägt eine helle Hose und einen dunklen Pulli.
- A. Trägt er auch eine karierte Mütze?
- B. Ja.
- A. Prima. Ich weiß, wen du meinst.

Übung 5 *(Zwei Teenager)*
- A. In meinem Bild trägt Nena eine schwarze Lederjacke.
- B. Ja, in meinem Bild auch, mit einem Abzeichen auf dem linken Aufschlag.
- A. In meinem Bild auch. Was ist auf dem Abzeichen?
- B. Eine Blume.
- A. Aha! In meinem Bild gibt es ein Kreuz drauf. Das ist also ein Unterschied.
- B. Trägt sie ein T-Shirt und eine Hose?
- A. Ja, eine helle Hose und ein dunkles T-Shirt.
- B. Ach so. In diesem Bild trägt sie eine dunkle Hose und ein helles T-Shirt. Noch zwei Unterschiede......

Thema 6

Thema 6 : Reisen

Übung 1 *(Tourist und Beamter)*

A. Entschuldigen Sie, bitte. Wann fährt der Sonderzug von Bremen ab?
B. Um 8 Uhr.
A. Und wann kommt der Zug in Bremerhaven an?
B. Um 9.10 Uhr.
A. Von welchem Gleis fährt der Zug?
B. Von Gleis 4.
A. Vielen Dank.
B. Nichts zu danken.

Übung 2 *(Touristin und Beamter)*

i) A. Was kostet eine einfache Karte zweiter Klasse nach Bremen, bitte?
B. 40 DM.
ii) A. Was kostet eine Karte nach Münster, bitte?
B. Einfach oder hin und zurück?
A. Einfach, bitte.
B. Erster oder zweiter Klasse?
A. Zweiter Klasse, bitte.
B. Das wäre 40 DM.
A. Danke schön
B. Bitte sehr.

Übung 3 *(Tourist und Beamte)*

A. Entschuldigen Sie, bitte, wann fährt der nächste Zug nach Karlsruhe?
B. Nach Karlsruhe wollen Sie. Moment mal... der nächste Zug fährt um 7.32 Uhr.
A. Und wann kommt er in Karlsruhe an?
B. In Karlsruhe... um 10.59 Uhr.
A. Was für ein Zug ist das?
B. Das ist ein Intercity.
A. Muß ich umsteigen?
B. Ja, Sie müssen in Mannheim umsteigen.
A. Gibt es einen Speisewagen im Zug?
B. Ja, sicherlich.
A. Was kostet eine einfache Karte erster Klasse, bitte?
B. Das wäre 108 DM.
A. Muß man Zuschlag bezahlen?
B. Ja, bei Intercitys muß man einen Zuschlag von 5 DM bezahlen.
A. Vielen Dank. Könnten Sie mir auch eine Auskunft über die Rückfahrzeiten geben?
B. Gerne. Wann wollen Sie zurückfahren?
A. Ich möchte am Freitag um 15.00 Uhr zurückfahren. Gibt es einen Zug zu der Zeit?
B. Einen Moment, bitte. Ja, es gibt Züge ab Karlsruhe um 14.49 Uhr und 14.59 Uhr.
A. 14.49 Uhr wäre besser. Wann kommt dieser Zug in Düsseldorf an?
B. Um 18.12 Uhr.
A. Ist das ein D-Zug?
B. Nein, ein Trans-Europ-Express.
A. Muß ich umsteigen?
B. Nein, Sie fahren direkt nach Düsseldorf.
A. Gibt es einen Speisewagen?
B. Ja, Speisewagen gibt's in allen TEEs.
A. Muß man Zuschlag bezahlen?
B. Ja, Sie müssen einen Zuschlag von 10 DM bezahlen.
A. Recht vielen Dank.
B. Bitte sehr.

Übung 4 *(Zwei Freundinnen/Freunde)*

i) A. Wie wär's mit Dubrovnik?
B. Dubrovnik? Toll! Wie fährt man dahin?
A. Mit dem Bus und mit dem Schiff.
B. Das wäre okay. Für wie lange?
A. Für 10 Tage. Vom 18. bis zum 28. Dezember.
B. Klasse! Wann fährt der Bus von Frankfurt ab?
A. Um 4.00 Uhr am 18.
B. Naja. Und wann kommt der Bus in Frankfurt wieder an?
A. Um 12.00 Uhr am 28.
B. Mmm, das geht. Was kostet die Reise eigentlich?
A. 1500 DM.
B. Prima. Das könnte ich mir leisten. Fahren wir dahin! Also, wie heißt das Hotel?
A. Das Hotel Baltik.
B. Und welche Nummer hat die Reise?
A. Das ist Busreise Nummer 442.
B. Busreise 442. Prima. Dubrovnik wäre eine Möglichkeit. Oder wollen wir vielleicht nach Ramsau in Österreich fahren? Da könnten wir Ski laufen und so......

ii) A. Wie wär's mit Schweden?
B. Schweden? Klasse! Wie fährt man dahin?
A. Mit dem Zug und mit dem Schiff.
B. Mit dem Schiff? Ach nein, du. Ich werde seekrank.
A. Also. Moskau — mit dem Bus.
B. Ja, das wäre gut. Wann fährt der los?
A. Am 23. Dezember.
B. Tut mir leid. Zu der Zeit möchte ich nicht fahren. Ich möchte Weihnachten zu Hause verbringen.
A. Na, also. Kannst du 'was vorschlagen?
B. Ja... wie wär's mit dem Bodensee?
A. Was kostet die Reise?
B. 2000 DM.
A. Um Gottes Willen! Das ist mir zu teuer! Fahren wir lieber woanders hin.
B. Wohin denn? Wollen wir mit dem Zug nach Jugoslawien fahren?
A. Toll! Wann fährt der Zug ab?
B. Am 2. Januar, und wir kommen am 8. um 3.00 Uhr in Frankfurt wieder an.
A. Um 3.00 Uhr! Das ist aber viel zu früh!
B. Also...

71

Thema 7

Thema 7 : Camping und Jugendherberge

Übung 1 *(Zwei Freunde)*

a)
- A. Ist der Ferienplatz Schloßblick ruhig?
- B. Ja, er ist ruhig und schattig.
- A. Wie viele Stellplätze für Zelte hat er?
- B. Nur 50.
- A. Hat er auch Stellplätze für Wohnwagen?
- B. Ja, und auch Strom-Anschluß.
- A. Kann man Campinggas kaufen?
- B. Ja, und es gibt auch ein Lebensmittelgeschäft, ein Restaurant und Fertiggerichte zum Mitnehmen.
- A. Ist das alles?
- B. Nein, es gibt auch einen Kinderspielplatz und ein Kinderplanschbecken.
- A. Und was kostet eine Übernachtung für einen Erwachsenen?
- B. 8,20 DM.
- A. Und für ein Kind?
- B. 6,50 DM.
- A. Was kostet ein Stellplatz?
- B. 6,50 DM pro Nacht.

b)
- A. Toll! Das wäre ideal für meine Bekannten, Herrn und Frau Mayer.
- B. Wieso?
- A. Sie haben zwei kleine Kinder. Sie müssen nicht kochen, wenn sie nicht wollen. Das wäre gut. Der Campingplatz ist auch nicht zu teuer.
- B. Ach ja, und es gibt Unterhaltung für die Kinder, einen Spielplatz usw.
- A. Für mich wäre das zu ruhig.
- B. Ja, der Campingplatz Seeblick wäre besser. Der hat Stellplätze für 800 Zelte.
- A. Und eine Bar...... das ist schon wichtig......!

Übung 2 *(Telefongespräch zwischen zwei Fremden)*

- A. Guten Tag. Ist das die Jugendherberge Altenau?
- B. Ja. Sie wünschen?
- A. Ich möchte Plätze in der Jugendherberge reservieren.
- B. Gerne. Wie viele sind Sie insgesamt?
- A. Acht Personen.
- B. Wie viele davon sind Junioren?
- A. Junioren?
- B. Teilnehmer bis zu 24 Jahren.
- A. Ach so. Vier, zwei Mädchen, zwei Jungs.
- B. Und vier Senioren?
- A. Ja, zwei Männer, zwei Frauen.
- B. Sind auch Lehrer und Gruppenleiter dabei?
- A. Nein.
- B. Wie viele Nächte wollen Sie bleiben?
- A. Fünf Nächte.
- B. Wann kommen Sie an?
- A. Am 5. Juli.
- B. Wissen Sie vielleicht ungefähr um wieviel Uhr?
- A. Ja. Wir hoffen ungefähr um 20.00 Uhr.
- B. Wann wollen Sie abfahren?
- A. Am 10. Juli um 7.00 Uhr.
- B. Wollen Sie auch Mahlzeiten bestellen?
- A. Ja, Frühstück, Lunchpaket und Abendessen für acht Personen.
- B. Brauchen Sie Bettwäsche?
- A. Ja, wir möchten Schlafsäcke für acht Personen bestellen.
- B. Gerne. Darf ich Ihren Namen wissen?
- A. Ich heiße Bennett, Jenny Bennett.
- B. Könnten Sie das bitte buchstabieren?
- A. Gerne. Bennett: B-e-n-n-e-t-t, Jenny: J-e-n-n-y.
- B. Und Ihre Adresse?
- A. 51, Stream Road, Oxford, England.
- B. Danke. Ihre Plätze sind reserviert. Wir schicken Ihnen eine Zusage.
- A. Was kostet eine Übernachtung, bitte?
- B. Für Junioren: 8,80 DM. Für Senioren: 9,80 DM.
- A. Und die Mahlzeiten?
- B. Ein Frühstück kostet 3,20 DM, ein Lunchpaket 3 DM und ein Abendessen 5,80 DM. Die Leihgebühr für einen Schlafsack ist 3 DM pro Nacht.
- A. Herzlichen Dank. Auf Wiederhören.
- B. Bitte schön. Auf Wiederhören.

Übung 3 *(Freund und Freundin)*

- A. Wie viele Betten hat die Jugendherberge Nordhausen?
- B. Mmm. Moment mal... 40 steht hier.
- A. Hat sie auch Familienzimmer?
- B. Ja, zwei.
- A. Das geht. Gibt es Kochgelegenheiten?
- B. Nein, das nicht.
- A. Schade. Das geht dann nicht. Wie viele Betten hat die Jugendherberge Altenau, also?
- B. Laß mal sehen. Ach ja, 189.
- A. Gut. Und hat sie auch Familienzimmer?
- B. Ja, sechs.
- A. Und Kochgelegenheit?
- B. Ja, das auch.
- A. Prima! Kann man auch Vollverpflegung bekommen?
- B. Ja.
- A. Gut. Liegt die Jugendherberge verkehrsgünstig?
- B. Ja. Die nächste Bushaltestelle ist drei Minuten entfernt.
- A. Toll! Das wäre ideal für unsere Gruppe. Hat die Jugendherberge auch Tagesräume?
- B. Ja, vier.
- A. Und Sporträume?
- B. Auch vier. Warmwasser und Warmduschen gibt es natürlich auch.
- A. Was gibt's noch?
- B. Tischtennis, Fernsehen und Freiluftschach.
- A. Toll. Das wäre schön.
- B. Schau mal, Altenau ist hier im Norden. Wollen wir auch eine Jugendherberge im Süden des Naturparks aussuchen? Wie viele Betten hat die Jugendherberge Duderstadt...?

Thema 8/9

Thema 8 : Krankheit
Übung 2 *(Apotheker und Kundin)*
A. Guten Tag. Kann ich Ihnen helfen?
B. Ja, ich habe einen Sonnenbrand.
A. Haben Sie weitere Beschwerden?
B. Ja, ich habe auch eine leichte Übelkeit.
A. Und seit wann sind Sie krank?
B. Seit gestern.
A. Haben Sie Fieber?
B. Nein, ich glaube nicht.
A. Also, ich gebe Ihnen ,,Solakrem'' für den Sonnenbrand. Das ist eine Salbe zum Einreiben.
B. Was kostet die Salbe, bitte?
A. 10,80 DM. Das können Sie von Ihrer Versicherung reklamieren.
B. Haben Sie etwas gegen Übelkeit?
A. Ja. Ich kann Ihnen ,,Magenruh'' geben. Das sind Brausetabletten.
B. Wie oft muß ich diese Tabletten nehmen?
A. Sechs mal täglich.
B. Und was kosten die Tabletten?
A. 8,90 DM.
B. Was muß ich noch machen?
A. In der nächsten Zeit bleiben Sie aus der Sonne. Sie sollten auch fette Speisen und Alkohol vermeiden.
B. Muß ich zum Arzt gehen?
A. Das wäre vielleicht ratsam. Wenn es Ihnen in 24 Stunden nicht besser geht, gehen Sie zum Arzt!
B. Danke schön.

Thema 9 : Freizeit und Interessen
Übung 1(a) *(Zwei Teenager)*
A. Was macht Peter gern?
B. Laß mal sehen. Also, er liest sehr gern, er sieht gern fern... er geht sehr gerne in die Kneipe...
A. Ist das alles?
B. Ja.
A. Was macht er nicht gern?
B. Naja. Er geht nicht gern ins Kino und er haßt Sport.

Übung 1(b) *(Zwei Teenager)*
A. Also, wer wäre die beste Partnerin für Peter?
B. Wie wär's mit Veronika?
A. Veronika? Ach ja. Die beiden lesen gern, sehen gern fern und sie gehen beide gerne in die Kneipe.
B. Ja, und beide gehen nicht gern ins Kino und beide hassen Sport.
A. Prima! Die beiden passen gut zusammen.
B. Wer wäre denn der beste Partner für Kerstin?
A. Jochen, vielleicht? Die beiden malen und fotografieren gern und sie treiben auch gern Sport.
B. Naja, aber sie interessiert sich für Musik und er nicht.
A. Mmm, und er kocht gern und sie nicht.
B. Das macht nichts. Er kann für sie kochen.
A. Gute Idee! O.K. Der Jochen ist zwar nicht ideal für sie aber es geht...

Übung 2 *(Zwei Teenager)*
A. Also... der Karl Waibrecht hört gern Musik von ,,Nena'' und ,,Tears for Fears''. Er interessiert sich für Sport und alles, was Spaß macht. Hast du jemand für ihn?
B. Wie wär's mit Bernd Enghofer? Er treibt auch gern Sport und...
A. Moment mal, Karl sucht eine Brieffreund**in**!
B. Ach so! Wie wär's mit Beate Pauer? Sie ist ein lustiges Mädchen. Sie ist ein Nenafan und sie treibt gern Sport.
A. Wie alt ist sie?
B. 17 Jahre.
A. Perfekt. Karl ist 18 Jahre alt und sucht eine Brieffreundin zwischen 17-18 Jahren. Also, wie heißt sie nochmal?
B. Beate Pauer.
A. Und wo wohnt sie?
B. Hauptstraße 12, 8 München 38. Und der Karl... wo wohnt er...?

Übung 3 *(Zwei Teenager)*
A. Wollen wir vielleicht ,,Einsatz in Manhattan'' sehen?
B. Was für ein Programm ist das?
A. Ein Krimi, glaube ich.
B. Ach nee. Krimis sehe ich nicht gern. Wie wär's mit ,,Dalli Dalli''?
A. Was für ein Programm ist das?
B. Ich weiß nicht genau. Eine lustige Quizsendung, vielleicht.
A. Toll. Ich sehe sehr gerne Quizsendungen. Wann beginnt die Sendung?
B. Um 20.00 Uhr.
A. Und wann ist das Programm zu Ende?
B. Um 20.45 Uhr.
A. O.K. ,,Dalli Dalli'' um 20.00 Uhr bis 20.45 Uhr.
B. Wollen wir auch ,,Sport-Reportage'' sehen?
A. Vielleicht. Wann beginnt das Programm?
B. Um 18.00 Uhr.
A. Ach, weißt du, um 18.15 Uhr gibt es ,,Micky Maus'' und ich sehe so gern Zeichentrickfilme......

73

Thema 10

Thema 10 : Essen und Trinken

Übung 1 *(Freund und Freundin)*
- A. Bauernomelett? Was ist denn das? Gibt es Fleisch drin?
- B. Nein.
- A. Und Fisch?
- B. Auch nicht.
- A. Und Eier?
- B. Ja, natürlich.
- A. Und Käse?
- B. Nein.
- A. Und Kartoffeln, etwa?
- B. Ja, Kartoffeln schon.
- A. Welche anderen Gemüsesorten enthält es?
- B. Tomaten und Paprikaschoten.
- A. Gibt es Gewürze drin?
- B. Nein, nur Salz und Pfeffer, aber es gibt auch Kräuter drin.
- A. Das hört sich gut an. Das möchte ich gerne essen.

Übung 2 *(Gast und Kellner)*
i)
- A. Bedienung, bitte!
- B. Was möchten Sie?
- A. Was ist die Tagessuppe, bitte?
- B. Heute ist es Gulaschsuppe.
- A. Gut. Also, zweimal Gulaschsuppe, bitte.
- B. Zwei Gulaschsuppen.
- A. Einmal Huhn auf Reis und einmal Königsberger Klopse, bitte.
- B. Einmal Huhn, einmal Klops. Und als Nachspeise?
- A. Ich hätte gern zwei Portionen Eis mit Sahne, bitte.
- B. Gerne. Vanille oder Erdbeer?
- A. Erdbeer, bitte.
- B. Und zu trinken?
- A. Einen Rheinwein, einen Moselwein, bitte.
- B. Danke schön. Kommt sofort.

••••••
- A. Die Rechnung, bitte.
- B. Also, zwei Gulaschsuppen: 7 DM, einmal Klops: 15 DM, einmal Huhn: 18 DM, ein Rheinwein, ein Moselwein: 8 DM. Das macht zusammen 48 DM, bitte.

ii)
- B. Guten Abend, die Herrschaften. Haben Sie schon gewählt?
- A. Ja, ich hätte gern einmal den Rheinischen Topfkuchen, bitte.
- B. Es tut mir leid, der Topfkuchen ist heute alle.
- A. Ach so... äh ...haben Sie noch Gulasch da?
- B. Ja.
- A. Was kostet das, bitte?
- B. 14 DM.
- A. Also, zweimal Gulasch, bitte.
- B. Möchten Sie einen Nachtisch?
- A. Nein, danke.
- B. Und zu trinken?
- A. Was kostet eine Flasche Sekt, bitte?
- B. 25 DM die Flasche.
- A. Das ist leider zu teuer. Also, zweimal Apfelsaft, bitte.

••••••
- A. Zahlen, bitte.
- B. Also, zweimal Gulasch: 28 DM, zweimal Apfelsaft: 8 DM. Das macht zusammen 36 DM, bitte.

Übung 3 *(Zwei Freundinnen)*
- A. Was kann man im „Kalinka" zu essen bekommen?
- B. Ich weiß nicht genau. Das ist ein russisches Restaurant.
- A. Russisch? Toll! Wann ist das Restaurant geöffnet?
- B. Äh... von 20.00 Uhr bis 3.00 Uhr morgens.
- A. Hat es einen Ruhetag?
- B. Mmm, laß mal sehen. Ja, Montag.
- A. Wo ist das Restaurant?
- B. Karolinenstraße 18.
- A. Danke. Was für ein Restaurant ist das „Meraki"......?

Übung 4 *(Freund und Freundin)*
- A. Wollen wir mal zusammen frühstücken?
- B. Gute Idee. Also, laß mal sehen, wo kann man Frühstück bekommen? Ach ja... im „Pfeffer und Salz".
- A. Und im „Vogelfrei".
- B. Was gibt's zum Frühstück im „Vogelfrei"?
- A. Keine Ahnung. Steht nicht da. Es ist aber ein vegetarisches Restaurant.
- B. Das „Pfeffer und Salz" ist ein deutsches Restaurant.
- A. Wie wär's mit dem „Vogelfrei" also? Das wäre interessanter.
- B. Warum nicht? Wann denn? Am Sonntag vielleicht?
- A. Nein, Sonntag ist Ruhetag. Wie wär's mit Samstag?
- B. O.K. Sagen wir so um 8.30 Uhr?
- A. Ach nein, das Restaurant macht erst um 9.00 Uhr auf.
- B. 9.30 Uhr?
- A. Das ist doch zu früh!
- B. 10.30 Uhr?
- A. Einverstanden! 10.30 Uhr. Treffen wir uns im Restaurant?
- B. Na klar! Wo ist denn das Restaurant?
- A. Horstweg 5.
- B. Also, wir treffen uns zum Frühstück am Samstag um 10.30 Uhr im „Vogelfrei".
- A. Toll! Tschüß bis dann!

Thema 11

Thema 11 : Unterhaltung

Übung 1 *(Mädchen und Kartenverkäuferin)*
- A. Ich möchte zwei Karten für den „Räuber Hotzenplotz", bitte.
- B. Gerne, für wann?
- A. Für heute abend.
- B. Wo möchten Sie sitzen?
- A. Was kostet eine Karte in der ersten Reihe, bitte?
- B. 30 DM.
- A. Prima, ich hätte gern zwei Karten in der ersten Reihe, bitte.
- B. Gerne. In der ersten Reihe haben wir noch Plätze in der Mitte und auch auf der linken Seite frei.
- A. Was empfehlen Sie?
- B. Die Plätze in der Mitte sind gut, Platznummer 10 und 11.
- A. Prima. Ich nehme sie.
- B. Gerne. Also, zwei Karten in der ersten Reihe, Platznummer 10 und 11. Das macht 60 DM, bitte.

Übung 2 *(Mann und Kartenverkäuferin)*
- A. Ich möchte 10 Karten für den „Räuber Hotzenplotz", bitte.
- B. Wo möchten Sie sitzen?
- A. Was kostet eine Karte im Parkett, bitte?
- B. 25 DM.
- A. Das ist leider etwas zu teuer. Was kostet eine Karte im ersten Rang, bitte?
- B. 20 DM.
- A. Prima, ich hätte gern vier Karten im ersten Rang.
- B. Für welchen Tag?
- A. Für heute abend.
- B. Es tut mir leid. Die Karten im ersten Rang sind alle ausverkauft.
- A. Haben Sie noch Plätze im zweiten Rang frei?
- B. Ja.
- A. Gibt es eigentlich Gruppenermäßigung?
- B. Ja, ab zehn Personen. Eine Gruppenkarte im zweiten Rang kostet 18 DM.
- A. Prima! Ich hätte gern zehn Karten im zweiten Rang.
- B. Gerne. Wir haben noch zehn Karten auf der rechten Seite und in der Mitte frei. Welche möchten Sie?
- A. Was empfehlen Sie?
- B. Die Plätze in der Mitte sind besser.
- A. Gut, ich nehme die Karten. Welche Platznummern?
- B. Also, 10 Karten im zweiten Rang für heute abend. Das sind vier Karten in der ersten Reihe, Platznummer 13, 14, 15, 16, vier Karten in der zweiten Reihe, Platznummer 13, 14, 15, 16 und zwei Karten in der dritten Reihe, Platznummer 15, 16.
- A. Was kosten die Karten?
- B. Das macht zusammen 180 DM, bitte.

Übung 3 *(Freund und Freundin)*
- A. Sag mal, du, was läuft eigentlich im Thalia 1?
- B. Moment mal... ach ja... „Die Glücksritter" und „Kramer gegen Kramer".
- A. Wann läuft „Die Glücksritter"?
- B. Vom 1. bis zum 12. Juni.
- A. Wann beginnt die erste Vorstellung?
- B. Um 15.00 Uhr.
- A. Und die letzte Vorstellung?
- B. Um 20.30 Uhr.
- A. Und wann läuft „Kramer gegen Kramer"?
- B. Mmm... laß mal sehen... äh... am Sonntag, den 1. Juni.
- A. Und wann beginnt die erste Vorstellung?
- B. Es gibt nur die eine Vorstellung um 23.00 Uhr.

Übung 3/4 *(Freund und Freundin)*
- A. Ich möchte am Samstag ins Thalia 1 gehen. Kommst du mit?
- B. Ja, vielleicht. Was läuft?
- A. „Leben und sterben lassen."
- B. Was für ein Film ist denn das?
- A. Ein James Bond Thriller.
- B. Okay, James Bond mag ich gerne. Wann beginnen die Vorstellungen?
- A. Um 21.00 Uhr und um 23.30 Uhr.
- B. Tut mir leid, du, da bin ich nicht frei. Wie wär's mit „Bernhard und Bianca"? Das ist ein Disney-Trickfilm. Der Klaus mag nämlich Zeichentrickfilme.
- A. Lieber nicht, du. Zeichentrickfilme mag ich nicht. Wollen wir lieber 'was anderes sehen?
- B. Wie wär's mit dem Krimi „Mafia"?
- A. Mir ist's recht. Wann beginnen die Vorstellungen?
- B. Um 15.00 Uhr und 17.30 Uhr.
- A. Sagen wir um 15.00 Uhr?
- B. Okay. Also, Samstagnachmittag um 15.00 Uhr wollen wir „Mafia" sehen. Wo läuft der Film?
- A. Im „Broadway B".
- B. Gut. Treffen wir uns vor dem Kino um 14.45 Uhr?
- A. Einverstanden. Nun, was wollen wir am Sonntag sehen?

Thema 12

Thema 12 : Verabredungen

Übung 1 *(Zwei Teenager)*

i)
- A. Ich gehe nächste Woche auf eine Party. Hast du Lust mitzukommen?
- B. Ja, gerne. Wann denn?
- A. Montagabend vielleicht?
- B. Klasse! Das geht! Um wieviel Uhr?
- A. Sagen wir so um 8.00 Uhr?
- B. Toll. Bis 8.00 Uhr also.
- A. Äh... möchtest du auch mit mir in eine Kneipe gehen?
- B. Das wäre Klasse. Wann denn?
- A. Hast du Dienstagabend Zeit?
- B. Es tut mir sehr leid, du, da bin ich nicht frei. Ich muß meine Tante Lotte besuchen. Übernächste Woche vielleicht?
- A. Gute Idee. Wie wär's mit Dienstag in einer Woche?
- B. Ach, so ein Quatsch! Das geht leider auch nicht, da muß ich unbedingt arbeiten, weißt du.
- A. Wann bist du eigentlich frei?
- B. Also, am Mittwoch in einer Woche bin ich frei, und am Donnerstag muß ich bis 8.00 Uhr arbeiten, aber danach bin ich frei.
- B. Wie wär's mit Donnerstag, also?
- A. O.K. Donnerstag in einer Woche. Sagen wir so um 8.30 Uhr?
- B. Klasse! Donnerstag, den 11. um 8.30 Uhr.

Übung 1 *(Zwei ältere Bekannte)*

ii)
- A. Möchten Sie vielleicht mit mir ins Kino gehen?
- B. Ja, gerne. Wann schlagen Sie vor?
- A. Montagabend vielleicht?
- B. Ja, das geht. Um wieviel Uhr?
- A. Um 8.00 Uhr vielleicht?
- B. Das wäre sehr schön. Bis 8.00 Uhr, also.
- A. Möchten Sie auch mit mir ins Theater gehen?
- B. Das wäre sehr schön. Wann hatten Sie vor?
- A. Haben Sie Dienstagabend Zeit?
- B. Es tut mir sehr leid, da bin ich nicht frei. Ich muß meine Tante besuchen. Sonst würde ich gerne mitkommen. Aber übernächste Woche habe ich Zeit.
- A. Gut. Dienstag in einer Woche vielleicht?
- B. Ach wie schade! Das geht leider auch nicht. Ich muß unbedingt arbeiten.
- A. Wann sind Sie frei?
- B. Am Mittwoch in einer Woche und auch am Donnerstag.
- A. Donnerstag vielleicht?
- B. Ja, gerne. Sagen wir um 8.30 Uhr vielleicht?
- A. Prima! Donnerstag, den 11. um 8.30 Uhr.

Übung 2 *(Zwei Teenager)*

- A. Bist du am Montagvormittag frei?
- B. Nein, leider nicht. Ich muß zum Arzt. Aber am Nachmittag bin ich frei.
- A. Ich nicht. Ich spiele Badminton mit meinem Bruder. Montagabend vielleicht?
- B. Es tut mir leid, aber da wollte ich eigentlich fernsehen — mein Lieblingsprogramm, weißt du.
- A. Hör mal. Wann bist du eigentlich frei?
- B. Also, Mittwochnachmittag, und Mittwochabend und auch Sonntagmorgen.
- A. Schade, zu den Zeiten bin ich nicht frei.
- B. Was machen wir denn da?
- A. Tja, also, du mußt zum Arzt gehen, aber Badminton mit meinem Bruder ist vielleicht nicht so wichtig. Wie wär's mit Montagnachmittag?
- B. Ja gerne, ich wollte vielleicht einkaufen gehen, aber das ist nicht so wichtig.
- A. Prima! Also, um wieviel Uhr?
- B. Sagen wir um 2.00 Uhr?
- A. In Ordnung. Was willst du denn machen?
- B. Was schlägst du vor?
- A. Wollen wir vielleicht Badminton spielen......?!

Übung 3 *(Freund und Freundin)*

a)
- A. Sag mal, du! Was ist eigentlich ,,Ebony''?
- B. Das ist eine Diskothek.
- A. Klasse! Und wann ist sie geöffnet?
- B. Äh... Moment... ach ja... von 20.00 Uhr bis 2.00 Uhr morgens und samstags bis 5.00 Uhr morgens.
- A. Gibt es einen Ruhetag?
- B. Ja, am Sonntag.
- A. Und was kann man dort machen?
- B. Tanzen, natürlich! Es gibt auch 'ne Bar und samstags gibt es Live-Musik.
- A. Was für Musik gibt es?
- B. Laß mal sehen... äh... es steht nicht hier.
- A. Kann man dort essen?
- B. Ja, ich glaube schon. Es steht hier ,,gute Küche''.
- A. Danke. Das hört sich gut an.

b)
- A. Also, wie wär's mit dem ,,Kuhdorf''? Das hat so ziemlich alles, oder?
- B. Ach, nein. Ich möchte lieber tanzen gehen. Wie wär's mit ,,Ebony''?
- A. Aber, Sonntag ist Ruhetag im ,,Ebony''. Wollen wir vielleicht die ,,Extase'' probieren?
- B. O.K. Wann denn?
- A. Sagen wir so um 9.00 Uhr?
- B. Und wo?
- A. In der ,,Extase'', oder?
- B. In Ordnung. Tschüß bis dann!

Übung 4 *(Zwei Freunde)*

- A. Was wollen wir zuerst machen?
- B. Wie wär's mit einer Havelseenrundfahrt?
- A. Welche denn?
- B. Die erste? Um 10.00 Uhr ab Tegel?
- A. O.K. Da sind wir aber erst um 14.00 Uhr zurück. Was machen wir danach?
- B. Hast du Lust ins Museum zu gehen?
- A. Ach, lieber nicht du. Wollen wir Bowling gehen?
- B. Von mir aus. Um wieviel Uhr?

Thema 12/13

A. Sagen wir so um 2.30 Uhr bis 4.30 Uhr?
B. Ach, ich wollte eigentlich die West-Berlin-Tour um 16.00 Uhr machen.
A. Naja, wollen wir bis 3.30 Uhr Bowling gehen und danach machen wir die Tour?
B. Gute Idee. Was machen wir dann?
A. Wollen wir den Flohmarkt besuchen oder vielleicht den Film über Berlin sehen?
B. Lieber den Film. Es gibt eine Vorstellung um 19.30 Uhr.
A. Prima! Danach haben wir gerade noch Zeit, ins Museum zu gehen. Es ist bis 22.00 Uhr geöffnet.
B. Hör mal, du spinnst wohl!

Thema 13 : Wohnen
Übung 1 *(Freund und Freundin)*
See if you can make an outline sketch of the home described below!

A. Das Erdgeschoß hat vier Zimmer und einen Flur. Du kommst durch die Haustür in den Flur. Rechts vom Flur sind zwei Zimmer und links vom Flur sind auch zwei Zimmer. Das erste Zimmer rechts ist das Wohnzimmer und daneben ist die Küche. Links ist ein kleines Arbeitszimmer.
B. Das erste Zimmer links?
A. Ja, genau. Und daneben ist ein großes Wohnzimmer.
B. Habt ihr eine Garage?
A. Ja, links vom Haus, neben dem Arbeitszimmer und dem Wohnzimmer.
B. Kannst du auch das Obergeschoß beschreiben, bitte?
A. Tja, also das Treppenhaus ist im Flur. Du gehst die Treppe hinauf. Da sind noch ein kleiner Flur und vier Zimmer. Links vom Flur ist das Badezimmer und daneben die Toilette. Rechts von der Diele ist ein großes Schlafzimmer und geradeaus gibt's noch ein Schlafzimmer.
B. Danke.

Übung 2 *(Ferngespräch zwischen zwei Bekannten)*
A. Wo finde ich die Reinigungsmittel: Scheuerpulver, Spülmittel und so?
B. In dem Schrank unter dem Spülbecken.
A. Rechts oder links?
B. Links. Und in dem rechten Schrank ist der Abfalleimer.
A. Wo ist das Geschirr?
B. In dem Schrank rechts neben dem Herd finden Sie die Teller, und im Schrank über dem Herd gibt's Tassen und Untertassen.
A. Und die Töpfe, wo sind die?
B. Also, rechts vom Herd ist ein kleiner Schrank. Daneben ist ein großer Schrank. Die Töpfe sind da drin.
A. Was ist im kleinen Schrank über dem großen Schrank?
B. Nichts!
A. Und auf den Regalen neben dem großen Schrank?
B. Gewürze, Salz und Pfeffer und die Kaffeemühle.
A. Und wo ist eigentlich das Besteck?
B. Also, links von dem Herd sind Schubladen. In der ersten Schublade ist das Besteck.

A. Haben Sie eigentlich eine Geschirrspülmaschine?
B. Na klar! Rechts neben dem Herd.

Übung 3 *(Ferngespräch zwischen zwei Teenagern)*
A. Hör mal, du. Irgendwas stimmt hier nicht. Dein Zimmer ist ganz durcheinander.
B. Wieso?
A. Also, mitten im Zimmer ist ein Bett. Und auf dem Bett ist eine Nachttischlampe. Neben dem Bett ist ein Nachttisch.
B. Das ist nicht richtig. Du kommst durch die Tür und das Bett ist auf der rechten Seite, neben der Wand. Neben dem Bett ist der Nachttisch und auf dem Tisch ist die Lampe.
A. Nein, rechts neben der Wand ist ein großes Bücherregal, aber die Bücher sind teils auf dem Boden.
B. Was? Das Regal gehört nicht dahin. Es sollte an der anderen Seite des Zimmers stehen.
A. Geradeaus, an der Wand gegenüber der Tür steht ein Kleiderschrank.
B. Das ist richtig. Der Schrank gehört dahin.
A. Rechts neben dem Kleiderschrank ist ein Arbeitstisch und unter dem Tisch ist eine Stehlampe.
B. Die Stehlampe war links neben der Tür.
A. Jetzt nicht mehr!
B. Hör mal, wo ist eigentlich mein Videorekorder?
A. Videorekorder? Welcher Videorekorder? Es gibt keinen Videorekorder!
B. Ach, du Schande! Und mein Computer...?

Übung 4 *(Zwei Fremde)*
A. In der Broschüre gibt's eine Ferienwohnung zu vermieten im Haus Marienbach. Wie viele Betten hat die Wohnung, bitte?
B. Sechs Betten. Das ist eine Wohnung für sechs Personen.
A. Wie viele Schlafzimmer gibt es?
B. Zwei Schlafzimmer und ein kombiniertes Wohn- und Schlafzimmer.
A. Gibt es eine separate Küche?
B. Nein. Nur Kochnische. Kochgelegenheit im Wohnzimmer, also.
A. Hat die Wohnung ein eigenes Badezimmer?
B. Ja. Allerdings mit Dusche und WC. Kein Bad.
A. Gibt es einen Fernseher oder Radio?
B. Ja, beides. Einen Farbfernseher und ein Radio.
A. Hat das Haus ein Schwimmbad?
B. Ja. Es gibt ein Hallenbad im Haus und auch eine Sauna und Solarium.
A. Und einen Parkplatz?
B. Ja, direkt am Haus.
A. Wo liegt das Haus, bitte?
B. Also, es ist nur zwei Minuten zu Fuß zum Ortszentrum, und der Ski-Lift und die Eishalle sind zehn Minuten entfernt.
A. Danke schön.
B. Bitte schön.
A. Hmmm. Ich glaube das Haus Marienbach wäre ideal für meine Bekannten......

Thema 14

Thema 14 : Urlaub (1)
Übung 1 *(Zwei Freunde/Freundinnen)*

i) A. Was gibt's in Brückenförde zu tun?
   B. Brückenförde hat sehr schöne Strände. Auch Strandkörbe. Es gibt viel Nachtleben. Es hat ein Schloß und ein Museum. Man kann Wasserski laufen, windsurfen und brettsurfen.

ii) A. Du warst doch schon in Osdorf, oder? Was ist dort los?
    B. Tja. Es ist eigentlich sehr ruhig dort. Kein Nachtleben, weißt du. Man kann angeln, reiten, Minigolf spielen, wandern. Ach ja, es gibt schöne Ruinen zu besichtigen. Sonst eigentlich nichts.

iii) A. Warst du auch mal in Bad Hürup?
     B. Ja, vor drei Jahren.
     A. Und was hältst du davon?
     B. Dort ist eigentlich auch nicht viel los. Es gibt schöne Strände, schöne Aussichten und so, aber kein Nachtleben. Keine einzige Diskothek. Es ist zu ruhig. Man kann praktisch nur schlafen und sonst nichts. So ein Kaff!
     A. Ist das wirklich alles?
     B. Naja, es gibt ein Schloß und ein Museum. Man kann die besichtigen. Aber wer will denn das schon? Das ist so ein Nest für alte Ehepaare, für Teenager ist das nichts.

iv) A. He du, wir fahren nach Sylt. Du warst doch letztes Jahr dort, oder? Wie war's?
    B. Einsame Spitze. Sylt hat alles. Schöne Strände, Strandkörbe, schönes Wetter. Viele Diskos, tolle Leute.
    A. Und Wassersport?
    B. Das auch. Absolut alles für Wassersportler. Windsurfing, Brettsurfing, Wasserski, Segeln. Alles. All—es!

Übung 2 *(A. ist Tourist(in); B. arbeitet in einem Reisebüro)*

i) A. Meine Freundin Jutta möchte wandern, reiten und Tennis spielen.
   B. Dann ist Stein für sie geeignet. Dort kann man wandern, reiten und Tennis spielen.

ii) A. Mein Freund Günther möchte viel Wassersport treiben und viel Nachtleben genießen.
    B. Dann sind Schönhagen oder Westerholz für ihn geeignet. Dort kann man windsurfen, brettsurfen und segeln, und es gibt viele Restaurants und Diskos.
    A. Kann man auch angeln?
    B. In Westerholz schon, aber nicht in Schönhagen.

iii) A. Guten Tag. Meine Bekannten und ich wollen unseren Urlaub an der Ostsee oder an der Nordsee verbringen. Wo können Sie empfehlen?
     B. Das kommt darauf an. Was hatten Sie vor?
     A. Also, meine Freundin Susi möchte viel unternehmen. Sie möchte tanzen und gut essen und auch viel sehen und besichtigen.
     B. Dann kann ich Schilksee empfehlen. Das hat alles für sie: viel Nachtleben und auch viele Sehenswürdigkeiten, ein Schloß, ein Museum, schöne Wanderwege.
     A. Gibt es auch Sportmöglichkeiten?
     B. Ja, dort kann man Golf, Minigolf und Tennis spielen.

Übung 3 *(Zwei junge Leute)*

A. Der Reisebüroangestellte sagt, daß Melia wunderschöne Strände hat. Stimmt das?
B. Ach Quatsch! Es gibt keinen Sandstrand und die Strände sind schmutzig.
A. Er sagte auch, daß die Stadt sehr schön ist. Was sagst du dazu?
B. Schön? Der spinnt wohl! Melia ist eine häßliche Betonwüste! Was noch?
A. ,,Die Hotels sind sehr gut, und auch preiswert."
B. Naja, das stimmt schon. Die Hotels sind tatsächlich gut, und billig sind sie auch.
A. Melia soll auch viel Nachtleben haben. Ist das wahr?
B. Naja, das Nachtleben ist nicht schlecht. Es gibt viele gute Diskos, aber es ist alles sehr teuer.
A. Und Wassersport? Gibt es tatsächlich alles für Wassersportler?
B. Mmm... alles nicht, aber man kann Brettsurfing und Windsurfing lernen und auch Tretboote mieten.
A. Und das Wetter? Ist das Wetter wenigstens gut?
B. Ei wo! Es ist oft sehr windig, glaube ich.
A. Ich weiß nicht, vielleicht fahre ich lieber woanders hin.
B. Wohin denn?
A. Nach Parmel vielleicht. Der Reisebüroangestellte sagt,....!!

Übung 4 *(Zwei junge Leute)*

a) A. Wohin willst du zuerst fahren?
   B. Nach Westseebad, glaube ich.
   A. Und für wie lange?
   B. Für drei Tage.
   A. Was willst du dort machen?
   B. Ich möchte das Schloß besichtigen, und ich möchte mich sonnen.
   A. Und dann?
   B. Dann möchte ich nach Südville fahren.
   A. Für wie lange?
   B. Für zwei Tage.
   A. Und was hast du vor?
   B. Ich möchte gut essen und viel Wein trinken.
   A. Und tanzen?
   B. Nein, das ist zu anstrengend!
   A. Und sonst?
   B. Sonst?
   A. Was willst du sonst noch machen?
   B. Ich möchte die schöne Aussicht genießen.

Thema 14/15

A. Wohin willst du danach fahren?
B. Nach Instett
A. Für wie lange?
B. Für fünf Tage.
A. Was willst du dort machen?
B. Ich will mich ausruhen.
A. Und?
B. Faulenzen.
A. Und?
B. Schlafen.
A. Ist das alles?
B. Na klar.
A. Du Faulpelz!

b) A. Hör mal. Das ist uninteressant für mich. Ich möchte mich amüsieren.
B. Was willst du denn machen?
A. Tanzen, gut essen, trinken. Auch Wassersport treiben.
B. Wassersport? Was zum Beispiel?
A. Segeln, Windsurfing, Brettsurfing...
B. Gut. Wollen wir vielleicht nach Flußstadt fahren?
A. Flußstadt? Was gibt's in Flußstadt zu tun?
B. Man kann Wasserski laufen und segeln. Es gibt schöne Strände.
A. Aber kein Nachtleben.
B. Nein, aber man kann nicht alles haben. Du kannst Wasserski laufen und segeln, und ich kann mich an den Strand legen und schlafen. Einverstanden?
A. Einverstanden.

Thema 15 : Urlaub (2)
Übung 1 (Zwei Freunde)

A. Wo hast du leztes Jahr deinen Urlaub verbracht?
B. Ich bin im Juli nach Karl-Marx-Stadt gefahren.
A. Wo ist denn das?
B. In der DDR.
A. Bist du gefahren oder geflogen?
B. Ich bin mit dem Schiff und mit dem Bus gefahren.
A. Und wie lange bist du geblieben?
B. Fünf Tage insgesamt.
A. Wo hast du übernachtet?
B. In einem Hotel.
A. Was hast du dort gemacht?
B. Also, ich habe die Sehenswürdigkeiten besichtigt und die Nachtlokale besucht. Ich habe viele nette Leute kennengelernt. Tja, und ich bin auch mehrmals ins Schwimmbad gegangen.

Übung 2 (Zwei Freunde)

A. Wie hast du leztes Jahr deinen Urlaub verbracht?
B. Ich? Ich bin die Romantische Straße entlang gefahren. Das war sehr schön.
A. Wirklich? Ich auch!
B. Das gibt's doch gar nicht. Wann war denn das?
A. Im Juni. Vom 5. bis zum 16. Juni.
B. Ach, ich war im September dort. Sag mal, was du dort gemacht und gesehen hast.
A. Tja, also, am 5. bin ich mit dem Flugzeug nach München gefahren. Ich habe dort vier Nächte in der Jugendherberge verbracht.
B. Was hast du alles gesehen?
A. Alles Mögliche: das Olympiastadion und die Alte Pinakothek, zum Beispiel. Und ich habe auch viele Ausflüge gemacht: nach Füssen, um die Königsschlösser zu sehen, und nach Oberammergau. Ja, und dann bin ich von dort aus nach Wallerstein gefahren.
B. Mit dem Bus?
A. Nein, ich habe ein Auto gemietet.
B. Wie lange bist du dort geblieben?
A. Nur eine Nacht. In einer Pension. Um das Schloß zu besichtigen, weißt du.
B. Und dann?
A. Da bin ich weiter nach Rothenburg gefahren. Nur das Auto wollte nicht. Ich habe eine Panne gehabt. Da bin ich doch mit dem Bus gefahren.
B. Wie lange bist du in Rothenburg geblieben?
A. Drei Nächte — in der Jugendherberge. Ich habe eine nette Amerikanerin kennengelernt. Die war einsame Spitze. Wir haben die Stadt zusammen besichtigt. Das war sehr romantisch.
B. Hätt' ich mir denken können — du hast dich verliebt!
A. Naja. Tja, und dann bin ich am 14. mit dem Bus nach Würzburg gefahren.
B. Und die Amerikanerin?
A. Die auch, natürlich. Wir haben die Weinberge besichtigt und auch den Wein probiert. Tja, und von dort aus bin ich mit dem Zug nach Hause gefahren.
B. Und die Amerikanerin?
A. Kommt auf Besuch im Sommer! Nun, erzähl mal was du gemacht hast...!

Übung 3 (Zwei Freundinnen)

A. He du! Rudi sagt, daß er seinen Urlaub auf einer karibischen Insel verbracht hat. Das Wetter war herrlich, meint er.
B. Was, der spinnt! Er ist nach Sylt gefahren! Ich war auch dort! Das Wetter war scheußlich. Es hat jeden Tag geregnet.
A. Was! Er hat seinen Urlaub in einem guten Hotel verbracht, oder?
B. Ach Quatsch! Der war doch in der Jugendherberge!
A. Jugendherberge?! Der hat aber doch wohl ein schönes Mädchen kennengelernt, oder?
B. Naja. Ein Mädchen hat er schon kennengelernt, aber von schön kann keine Rede sein. Häßlich war die, und doof auch!
A. Hmm. Er meint, er sei jeden Abend mit dem Mädchen essen oder tanzen gegangen. Stimmt das wenigstens?
B. Ja, ich glaube d a s stimmt.
A. Er meint, daß er Windsurfing gelernt hat.
B. Was! Der und Windsurfing! Der spinnt, also wirklich... er hat Angst vor so was. Tretboot ist er gefahren.
A. Hmm, ich glaube also, irgendwie hat er mir nicht die Wahrheit gesagt.
B. Tja. D a s stimmt. So ein Spinner!

79

Thema 16

Thema 16 : Eintopf

Übung 1 *(Zwei junge Leute)*

i) A. Was macht Frau Fischer zuerst?
B. Zuerst geht sie zu ihrer Aerobicgruppe, dann kommt sie nach Hause und spült das Geschirr ab. Danach schreibt sie normalerweise Briefe für ,,Amnestie International'' und dann...

ii) A. Also, was machen die Zwillinge zuerst, deiner Meinung nach?
B. Momentchen. Also, von 8.00 bis 9.00 Uhr putzen sie ihre Zimmer. Das kommt wohl zuerst, oder?
A. Ja, vielleicht. Oder sie besuchen ihre Oma. Das machen sie nämlich von 7.00 bis 9.00 Uhr.
B. Ach Quatsch! Die Oma besuchen sie bestimmt nicht von 7.00 bis 9.00 Uhr morgens, oder?
A. Schon gut. Zuerst putzen sie ihre Zimmer. Und dann...?

Übung 2 *(Zwei Teenager)*

A. Man sollte die Schulpflicht abschaffen. Ruth ist damit einverstanden aber ihre Eltern nicht.
B. Karl ist auch damit einverstanden. Und du? was sagst du dazu?
A. Gute Idee! Ich bin einverstanden.
B. Man sollte das schulpflichtige Alter heraufsetzen. Ich bin damit einverstanden. Und du?
A. Spinnst du, oder wie? Nein, ich bin absolut nicht damit einverstanden.
B. Man sollte das schulpflichtige Alter herabsetzen. Das ist eine bessere Idee! Ich bin einverstanden. Und du?
A. Nein, ich bin nicht einverstanden. Es gibt sowieso keine Arbeit für junge Leute.
B. Na und? Wer will schon arbeiten...?

Übung 3 *(Zwei Teenager)*

i) A. Teenager sollten ihr Taschengeld verdienen. Ich bin absolut nicht einverstanden. Und du?
B. Naja, es kommt darauf an.
A. Worauf kommt es an?
B. Ob die Eltern viel Geld haben oder nicht......
A. Ich finde, man hat das Recht auf ein bißchen Taschengeld, oder...?

ii) B. Teenager sollten bei der Hausarbeit helfen. Im großen und ganzen bin ich einverstanden. Und du?
A. Es kommt darauf an. Wenn man Prüfungen hat, dann nicht. Sonst, ja...

iii) A. Teenager unter 16 Jahren sollten spätestens bis 10 Uhr im Bett sein.
B. Ach Quatsch! Ich bin absolut nicht einverstanden. Du etwa?
A. Nein, ich bin auch nicht einverstanden. Es ist zu früh...

iv) B. Ich kann alle meine Probleme mit meinen Eltern besprechen. Ach nein, das stimmt nicht. Nicht alle.
A. Ich auch nicht...

Übung 4 *(Zwei Teenager)*

A. Also, wann wurde Jochen Wolter geboren?
B. 1946.
A. Und wo?
B. In München.
A. Wann hat er geheiratet?
B. Im Jahre 1968.
A. Und wen eigentlich?
B. Eine Frau, namens Karola Krumm.
A. Wie hat er seine erste Million gemacht?
B. Tja. Er hat in einer Band gespielt. Er hat eine Schallplatte gemacht.
A. Toll! Wann war denn das?
B. Im Jahre 1970.
A. Wann hat er denn eigentlich die zweite Million gemacht?
B. Zweite Million? Ach ja — er hat ein interessantes Buch geschrieben. Die hat er wohl für's Buch bekommen.
A. Und wann war das?
B. Im Jahre 1977.
A. Wie hat er das Geld verloren?
B. Verloren? Er hat es nicht verloren. Er hat es verschenkt. Er hat es an ,,Brot für die Welt'' gegeben.
A. Das ist ein dufter Typ! Wann hat er sein Geld verschenkt?
B. 1980 war das.
A. Er ist um die Welt gefahren, nicht wahr? Wie hat er das bloß geschafft?
B. In einem Kanu.
A. Was! In einem Kanu?
B. Ja. Das hat er auch für ,,Brot für die Welt'' gemacht. Im Jahre 1976.
A. Sag mal, hat er nicht auch eine Expedition geführt?
B. Ja, nach Borneo. 1974.
A. Und das Buch? Wann hat er das Buch geschrieben?
B. Im Jahre 1977. Es heißt ,,Um die Welt in einem Kanu''!!
A. Ist er auch im Gefängnis gewesen?
B. Ja, das war 1978. Er hat an einer Demonstration teilgenommen. Er hat sich auf die Straße gesetzt.
A. Ach so. Wann ist er denn gestorben?
B. Er ist nicht gestorben. Er lebt noch!
A. Wollen wir also Herrn Wolter als Sprecher einladen? Er ist ein dufter Typ. Er hat so viel gemacht.
B. Ja, aber die Frau hat auch viel gemacht, sie ist per Anhalter um die Welt gefahren. Das ist bestimmt interessant.
A. Ja, aber......